帝京拼貼

重構中國古代都城歷史現場

U0103570

高雅 著

開明書店

彩圖 1-1 宋徽宗《瑞鶴圖》局部（遼寧省博物館藏）

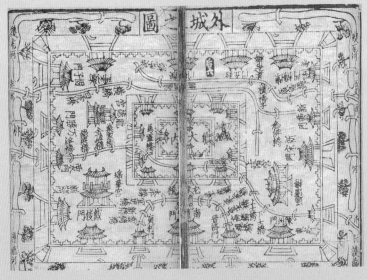

彩圖 1-2 《東京外城圖》（〔宋〕陳元觀編，《新編纂圖增類群書類要事林廣記》，元至順年間西園精舍刊本）

彩圖 3-1 〔宋〕張擇端《金明池爭標圖》(天津博物館藏)

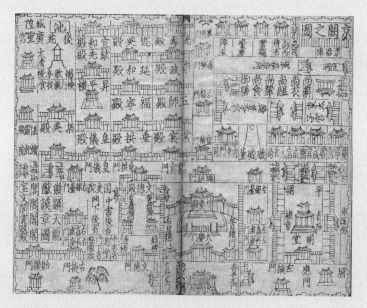

彩圖 5-1 宋東京宮城圖

彩圖 6-1　宋本《清明上河圖》裏的北宋婦女形象

彩圖 6-2　宋本《清明上河圖》裏的船隻往來

彩圖 6-3　宋本《清明上河圖》裏的賣炭翁形象

彩圖 6-4　宋本《清明上河圖》虛構的城樓，人們多認為其原型是東南角的東角子城樓

彩圖 7-1　宋本《清明上河圖》孫家正店

彩圖 7-2　宋瓜形銀酒壺(四川省博物院藏)

彩圖 7-3　宋銀酒壺(四川省博物院藏)

彩圖 11-1　婦好墓出土的玉熊和嵌綠松石骨雕老虎（《殷墟，一個王朝的背影》）

彩圖 11-2　婦好墓扁足方鼎（唐際根《三千年前的首都記憶》，《中華遺產》2007年第 7 期）

彩圖 11-3　商朝武士像復原圖（《中國古代兵戎服飾》，上海古籍出版社，2003 年）

彩圖 12-1　1956
年陝西省出土的
何尊（陝西寶雞
青銅器博物院藏）

彩圖 14-1　楚青
銅升鼎（湖北省博
物館藏）

彩圖 14-2　人物龍鳳帛畫中所示楚人女子形象（湖南省博物館藏）

彩圖 14-3　楚人女子形象（湖北省文物局等《沙洋塌塚楚墓》）

彩圖 16-1　唐代斗拱示意（山西五台山大佛光寺）

彩圖 16-2　從東龍尾道仰望含元殿（楊鴻勛《大明宮》）

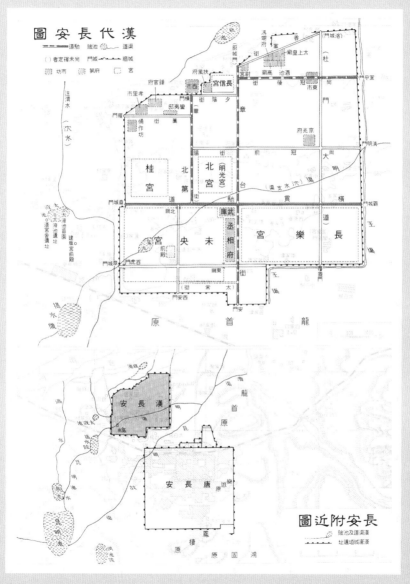

彩圖 17-1　漢長安圖以及漢唐長安位置關係圖（程光裕、徐聖謨主編《中國歷史地圖》）

彩圖 23-1　捲毛少年 唐懿德
元年（664）（美秀美術館《長
安　陶俑の精華》）

彩圖 23-2　唐陶彩繪胡人騎馬俑（美秀美術
館《長安　陶俑の精華》）

目 錄

下篇　只宜馬行的唐長安城

自　序

　　城市之所以迷人，在於它的開放、多元與包容。而這一切，離不開居住於其中的人。倘若不曾切實在一個城市生活過，對它的點評難免浮於表面，不痛不癢。無論古今。

　　所以宋人孟元老在《東京夢華錄》中對昔日東京繁阜盛景的回憶，儘管跨越千年仍直指人心。一字一句，皆是他眼前之物。雖然不得再見，却還要把這座城的賞心樂事不厭其煩地一件件說給你聽，落筆之時，不知是笑是淚。同樣歷數過記憶中長安寺塔光影的唐人段成式這麼說過，「當時造適樂事，邈不可追」。大約就是這樣一種心情。

　　沒去過的人當如何呢？自《東京夢華錄》起，我迷上了賞遊舊時帝京。因是賞遊，少了一本正經的科普，只是由着性子地尋個樂兒罷了。一入夜便關上書房的門，將四散在不同類型史料中的線索拼接起來，園林建築、天文考古、自然災害、軍事政治、詩詞歌賦、音樂舞蹈、書畫筆記、文人八卦、正史年譜…… 林林總總，千奇百怪。我想做的，是還原當時人眼裏的帝京風華。為什麼是「帝京」？因為制度使然，帝京必須是這個龐大帝國最精彩的城市，沒有之一。

　　拼着拼着，我發現誰也離不開誰。那些散落在各領域的線索絕非孤立，而是自有聯繫。像拼圖一樣將其拼貼起來，慢慢顯現的是古代中國城市的完整生活圖景。例如，光知道蘇軾嘉祐元年（1056）

進京應試不夠，還得還原當時的京城天氣——五六月間，持續大雨滂沱；住在何處？——馬軍橋東北的興國寺東座第二位、老僧德香院內；興國寺長什麼樣？——蘇軾所住的房間房屋南側有一間古屋，東西皆是壁畫，蘇軾曾專門寫詩描述，壁畫應當十分精美。如此，便是從蘇軾的眼，看到了嘉祐年間的東京城了。為了解那時的城市，須得用當時人的眼去看；為品味當時人的心境、為何寫出那般文字，須得知曉他們生活在一個怎樣的城市之中。既然難以感同身受，那就試着設身處地。

於是我真的去過了。真的。我看到了千門萬戶笙簫裏、華燈偏共月爭光，看到了金明池邊春色旖旎，走過清風樓時，聞見了清洌的酒香，那是夏天專屬的氣味。我還看到了坊門關閉後的長安月色，坊外不見得有鬼在吟詩。我和王維一起去安興坊的岐王府裏做客，又同他一起看見輞川的雪。一路走，一路看，有時候我會寫着寫着忍不住自己鑽到文章裏，用第一人稱來描述我眼中的東京夢華或是長安月下。想到哪裏，就寫到哪裏，什麼話題感興趣，就寫什麼。也因此並沒有老老實實地遵循朝代順序來寫。北宋東京熱鬧瞧夠了，便想回到故事的最開始去考古。然而先秦時期的資料實在太少，寫着寫着又有些坐不住了，對長安心癢癢起來，索性又蹦到唐朝去。可以說是相當任性了。

終了，我還有一個發現，那就是歷經朝代更迭、星河流轉，有什麼事物是不變的。一是頭上那輪明月，照亮我們和照亮李白的，是同一個；二是美，春日賞花是美，夏日飲酒賞月是美，秋日紅葉滿僧廊是美，冬夜圓月高懸，輞川雪景猶如夢境也是美。當時驚艷了他們的，留下痕跡，如今又驚艷了我，我很感激。

帶你去遊北宋東京城

東京上元夜狂歡指南

　　宣德門是北宋東京汴梁[1]皇宮的正南門，是大宋辨識度最強，也格外用心營造的一座城樓。宣德門的主體結構包括城門樓、朵樓[2]和闕樓，形成一個「凹」字形。正中央的城門樓面闊七間，屋頂為單檐四阿頂，由綠琉璃筒瓦鋪就，正脊兩端有鴟吻作龍口吞脊狀，屋頂兩翼有明顯的翹起。屋頂下的斗拱、椽子、角梁都塗成紅色，牆壁皆磚石間甃，雕刻龍鳳飛雲之狀，椽檐層層疊疊，極盡精美之能事。下列五門，皆金釘朱漆。城門樓兩側通過斜廊連接兩座朵樓，朵樓又通過行廊連接前面的闕樓，整體造型清秀靈巧。（見彩圖1-1）

　　宣德門是東京中軸線御街的起點。門前是御街最寬處，寬達三百米，圍合成一個後世意義上的「丁」字形皇家小廣場。一路南行，經州橋跨過東京城的東西幹線汴河大街後，御街才開始收窄。繼續往南，走過朱雀門，再跨過龍津橋，直到外城的南薰門，這條兩公里長的御街才算是走到了頭。御街兩邊分佈有包括大相國寺在內的重要公共建築，是東京城當仁不讓的景觀軸。御街兩邊乃御廊，一度允許市人在其間擺攤設點，政和年間才禁止。廊前各安置黑漆杈子。路中央用朱漆杈子隔出的中心御道許車馬行走，行人只能在朱漆杈子之外的廊下行走。御街兩側石砌的御溝之內遍植風

1　今河南省開封市。

2　朵樓，即「觀」。宋人高承寫道：「周有兩觀⋯⋯俗謂之朵樓。」〔宋〕高承《事物紀原》卷八，北京：中華書局，1989年，442頁。

荷，御溝邊依次種植桃樹、梨樹、李樹、杏樹，行人於一片錦繡中閑庭信步，情調十足。這樣具有層次、人車分流的道路景觀設計，即使現在來看都算是匠心獨具。（見彩圖 1-2）

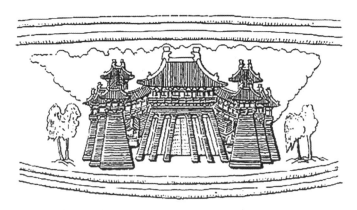

圖 1-1　遼寧省博物館藏鹵簿鐘上的宣德門形象
(傅熹年《中國古代建築十論》，復旦大學出版社，2004 年)

圖 1-2　北宋東京宮城城門宣德樓復原立面圖
（郭黛姮《中國古代建築史》第三卷，中國建築工業出版社，2009 年)

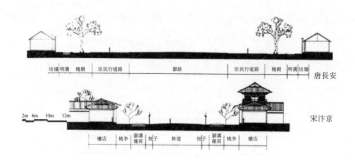

圖 1-3　北宋東京御街與唐長安朱雀大街橫斷面比較圖
（李路珂《古都開封與杭州》，清華大學出版社，2012 年）

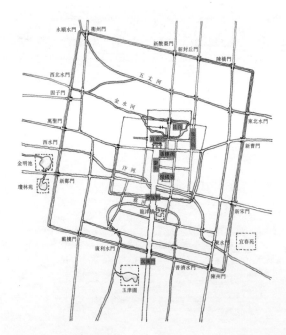

圖 1-4　北宋東京城手繪平面圖
（根據郭黛姮《中國古代建築史》第三卷《北宋東京城市結構圖》改繪，作者：
崔旭川）

這是東京土著孟元老魂牽夢縈的一條街、一座城。南宋紹興十七年(1147)除夕,「靖康之難」似乎已是過眼雲煙,孟元老已在西湖邊柔軟旖旎的臨安城住了十幾年。然故國難捨,故城難忘,他經常回想起曾生活過的東京城,那是一座怎樣的城市呢?是「燈宵月夕,雪際花時,乞巧登高,教池遊苑。舉目則青樓畫閣,繡戶珠簾。雕車競駐於天街,寶馬爭馳於御路。金翠耀目,羅綺飄香,新聲巧笑於柳陌花衢,按管調弦於茶坊酒肆」。[1]其實平心而論,臨安之繁盛,比起東京也不遜色幾分,可臨時安穩下的江南煙雨,却怎麼也無法取代東京御街上吹過來的風,那是盛世的氣息,是夢裏才能看到的故鄉。

讓我們把時間調回到北宋時期的東京城吧!是日正月十四,萬幸能趕上上元節喧鬧的最高潮。不妨把腳步放快一些,宣德門前的燈火可千萬不能少看,哪怕一秒。

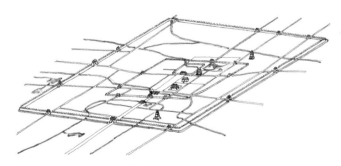

圖 1-5 北宋東京城手繪軸測圖
(根據郭黛姮《中國古代建築史》第三卷《北宋東京城市結構圖》改繪,作者:崔旭川)

---

1 〔宋〕孟元老《東京夢華錄‧序》。

北宋上元節張燈活動沿襲自唐朝，但規模更大。據《宋史》記載：

> 三元觀燈，本起於方外之說。自唐以後，常於正月望夜，
> 開坊市門然燈。宋因之，上元前後各一日，城中張燈，大內正
> 門結綵為山樓影燈，起露台，教坊陳百戲。天子先幸寺觀行
> 香，遂御樓，或御東華門及東西角樓，飲從臣。四夷蕃客各依
> 本國歌舞列於樓下。東華、左右掖門、東西角樓、城門大道、
> 大宮觀寺院，悉起山棚，張樂陳燈，皇城雉堞亦徧設之。其
> 夕，開舊城門達旦，縱士民觀。後增至十七、十八夜。[1]

宋初張燈為十四、十五、十六三日，太祖乾德五年 (967) 下
詔，「上元張燈，舊止三夜，今朝廷無事，區宇乂安，況當年穀之
豐，宜從士民之樂。具令開封府更放十七、十八兩夜燈」。[2] 自此增
加十七、十八兩天，上元節一連張五天的燈。太宗太平興國六年
(981)，更是將燃燈五夜形成了一種制度。

上元節是北宋歡度春節活動的高潮，亦是尾聲。這一系列活動
自冬至開始，到上元結束。其間，冬至、元日、上元每個佳節的全
國性假期竟然各自多達七天，簡直像個連續劇。從冬至起，東京城
就進入了喜氣洋洋、沒完沒了的節日狂歡模式。大年初一，皇宮內
舉行大朝會，來自大遼、西夏、高麗、回鶻、于闐等國的使節依次
覲見皇帝。其中遼國使臣的待遇尤為不同，朝廷為他們在其下榻驛
館都亭驛單獨設宴 (高麗國亦有此待遇)，之後的專有行程還包括：
初二去相國寺燒香，初三到南御苑射箭。也不知是為了陪玩還是為

1　《宋史 · 志第六十六 · 禮十六》。

2　《宋大詔令集》卷一百四十四《遊觀 · 十七十八夜張燈詔》，中華書局，1962 年。

了鬥氣，皇帝還特意打發自己的勇士去陪遼國使臣射箭。當宋朝的伴射勇士凱旋時，興奮的民眾早已經在外面排開「粉絲隊形」，一路為勇士們叫好。

宣德門前的燈山搭建工作從冬至之後便兢兢業業地開始了。燈山這邊廂在勤懇建設，另一邊則聚集了一群不甘寂寞、過分激動的路人，他們早已經迫不及待地聚集到樓前的御街。兩廊下各種奇奇怪怪的表演節目正在火熱上演，有奇術异能、歌舞百戲，樂聲嘈雜到十餘里外都能聽到。還有體育活動擊丸蹴鞠，雜耍表演踏索上竿，趙野人表演倒吃涼麵，張九哥縱情吞鐵劍。這些還算正常。「魚跳刀門」「使喚蜂蝶」「追呼螻蟻」究竟是何場面？光聽名字都一頭霧水，一定得去宣德樓下看個究竟不可。

到了正月初七，各國使臣入朝告辭，他們前腳剛走，後脚宣德樓前的燈山已經火速點上了，一時間，金碧相射，錦繡交輝（不知道有沒有貪玩不愛走的使臣呢）。燈山上掛有大牌一面，寫着「宣和與民同樂」。燈山兩側用五彩紮成文殊和普賢兩尊菩薩，分別跨在獅子和白象之上，連手指也沒讓菩薩閑着，不僅晃動不停，還從每個指尖流出一道水流，用轆轤絞水升到燈山最高處，用木櫃儲藏着，按時將水傾瀉下來，有如瀑布。皇帝的座位臨時安排在宣德樓上，正月十四這天，御輦先觀燈山，繞一圈得見全貌之後，聖駕登上宣德樓，黃色布簾蓋住天子龍顏，接受樓下的民眾瞻仰，一聲聲「萬歲」不絕於耳。

「東風夜放花千樹，更吹落，星如雨。寶馬雕車香滿路。鳳簫聲動，玉壺光轉，一夜魚龍舞。蛾兒雪柳黃金縷，笑語盈盈暗香去。眾裏尋他千百度，驀然回首，那人却在，燈火闌珊處。」一想起上元節，連憤青辛棄疾都忍不住柔軟起來。一連五天的上元燈

節，東京城無人入眠，只因捨不得閉眼。千街萬巷點着日月燈、鏡燈、琉璃燈、諸般巧作燈、海鮮燈、詩牌燈、平江玉柵燈、萬眼羅燈、馬騎燈、走馬燈……富人區馬行街，十里燈火，盞盞精品，因此最為熱鬧。背景音樂也少不了。每個城門都設置有官家樂棚，千家萬戶的宅院中，音樂的演奏也一刻不停。

著名的東京少年郎，那些風頭正勁的富二代，顯然是喝多了酒在街上跑來跑去，連心愛的寶馬都跑得更歡了。城樓上的倒霉禁軍耐不住寂寞，只得用竹竿挑個燈籠伸出來晃悠，堅決不做掉隊的那一撥。「天碧銀河欲下來，月華如水浸樓台。誰將萬斛金蓮子，撒向皇都五夜開。」[1] 婦女們精心打扮，佩戴着棗栗般大小的小燈籠，並加上珠茸作為裝飾[2]，走在燈火裏，便是自在光影若夢。這滿目的璀璨啊，像滿天的繁星落到了東京城，」炸出個火樹銀花不夜天，又像是所有的夢想全都成了真，不然美景如斯，哪裏像是在人間？

宮漏永，御街長，樂聲與人聲交融，華燈與月色爭光；人未散，夜深沉，眼見車水馬龍，耳聞歡聲浮動。狂歡上元，只需快活，此時四海升平，此時不知歎息。

1　〔宋〕楊億《上元》。

2　《歲時廣記》引《歲時雜記》云：「都城仕女有插戴燈球、燈籠，大如棗栗，加珠茸之類。

看那滿城煙花散盡

　　還從上元節說起。話說北宋末年的知名反賊宋江、柴進、燕青、戴宗和李逵一行五人，趁着上元節期間東京城熱鬧、鬆散、守備不嚴，成功混進城去。

　　那是正月十四的黃昏，明月已然東升，夜空如洗，萬里無雲，李逵被委屈地留下來看房，其餘人則裝扮一番，混在社火隊裏，一路哄入封丘門來。四人饒有興致地玩遍了六街三市，對馬行街的熱鬧尤為傾心。轉過御街去，看到兩行都是風月牌，中間有一家格外別致，外懸青布幕，裏挂斑竹簾，兩邊碧紗窗，外挂兩面牌，牌上各五字：「歌舞神仙女，風流花月魁。」宋江覺得不俗，便進附近茶坊吃茶，問茶博士道：「前面那家是誰家的角妓？」[1] 茶博士答曰：「東京上廳行首[2]李師師。」宋江早就聽說這李師師與今上交情匪淺，便吩咐燕青去李師師處探個虛實，下不細表[3]。

　　單從《水滸傳》的這段描寫當中，我們便能領略東京城內的風月之盛，從御街拐個彎便已經是一片風情旖旎，其他地方那還了得！

　　御街位於內城裏的南段東側，便是鼎鼎大名的相國寺。相國寺的南邊有條錄事巷。舊時妓女們陪酒，往往承擔勸酒、行監酒令之

1　角妓：色藝雙全之妓女。徐渭《西廂記眉批》：「宋人謂風流蘊藉為『角』，故有『角妓』之名。」

2　行首：指名妓。

3　參見《水滸傳》第七十二回「柴進簪花入禁苑 李逵元夜鬧東京」。

責，因此被稱為錄事。約莫是因着有了「錄事」，這地方才得着這名。除了錄事巷，《東京夢華錄》裏還提及十一處妓館集中地帶，它們分佈的場所包括：朱雀門外龍津橋西、朱雀門外東壁大街至保康門前、馬行街鶇(liáo)兒市、東西雞兒巷、相國寺南錄事巷、寺北小甜水巷、景德寺前桃花洞、金明池西道者院……而其他「幽坊小巷、燕館歌樓」則不計其數。

此外，像樊樓這種大酒店都有駐場歌伎。這些再正常不過的豪華大酒店，也可能會讓列位客官血脈賁張：甫進店門就是一條大長廊，到了晚上燈火輝煌，兩排濃妝艷抹的妓女多達數百人列隊等候您的召喚，看上去像仙女一樣。

東京城的人口，根據比較可靠的數據是在一百五十萬左右（徽宗崇寧年間）[1]，是當時世界上最大的城市。而據陶穀《清异錄》記載，宋初「四方指南海為煙月作坊，以言風俗尚淫。今京師鬻色戶將及萬計，至於男子舉體自貨，進退怡然，遂成蜂窠巷陌，又不止煙月作坊也」。[2] 宋初京師妓女便以萬計，這還不包括男妓在內。即使按照東京人口的總體增長幅度（北宋末年較之北宋初增長了約四

---

[1]　周寶珠《宋代東京研究》（開封：河南大學出版社，1992 年，324 頁）第九章「戶口構成及各階層人的經濟生活狀況」談及：「北宋東京最盛時有戶 13.7 萬左右，人 150 萬左右，是當時世界上人口最多的城市。」吳濤在《北宋都城東京》（鄭州：河南人民出版社，1984 年，38 頁）中考證是一百四十萬。久保田和男考證後指出，人口數在北宋末年達到最大值已經是定論（久保田和男《宋代開封研究》，上海：上海古籍出版社，2010 年，94 頁），他還認為仁宗朝可以確定的首都人口總數已達 140 多萬人，並可以推定其中 30 萬—40 萬人為城外的城市人口，因為當時將募兵部隊集中在首都。（久保田和男，《宋代開封研究》，110 頁）

[2]　《清异錄》卷上《蜂窠巷陌》。

成）[1] 來保守推算，徽宗年間的妓女數量也極為驚人。

這個龐大的妓女群體大體可分為三個層級：官妓、家妓和私妓。

官妓顧名思義，是官家登記在冊的歌妓，包括教坊（即皇家藝術團）的藝妓和各州縣官府管理的官妓（又稱營妓）。

《宋史·樂志》記載，宋初教坊共有四百六十人。但凡官府舉行重大活動，比如集會、遊樂和宴會等，都會叫上自己的官妓來裝點場面。官妓還有一個妙用——賣酒。熙寧二年（1069）九月，王安石推行青苗新法（即民戶可向政府借貸用以耕作）。這是一樁多麼正經的事啊！結果在王栐的《燕翼詒謀錄》裏留下了如此這般的花邊：政府一面設立發放青苗貸款的辦公室，一面在辦公室門口開酒家，引誘那些拿錢出來的市民買酒來喝。市民借了十塊錢，就要引誘他花掉兩三塊錢。又擔心人家不買賬，就命妓女坐在酒家來吸引客源。這伎倆委實心機。

家妓是各路顯貴家裏養的歌妓，用於府內家宴的歌舞表演和陪客事宜。蓄養家妓來佐興，是當時士大夫的一大風尚。比如歐陽修家裏養了八九位家妓。蘇軾也養了數人，他稱呼自己的家妓為「搽粉虞侯」[2]，此類記錄數不勝數。《東京夢華錄》記載，上元佳節時，各家的家妓皆會在宣德樓前競相演唱流行歌曲，山棚露台上下，樂聲鼎沸不息，東京市民難得看到這些華服善歌的家妓，真真是看花了眼。

---

1 開封府戶數統計，太平興國年間（976—983）178361戶（《太平寰宇記》卷一），崇寧二年（1103）261117戶（《宋史·志第三十八·地理一》）。開封府包括京城及周邊十六個縣。因此我認為城內與開封府的整體人口增長幅度和趨勢一致。

2 〔宋〕呂本中《軒渠錄》記載，蘇軾有「歌舞妓數人，每留賓客飲酒，必云：有數個搽粉虞侯，欲出來祗應也」。

與東京最受妓女歡迎的詞作家柳永往來最多的，恰恰是最低等級的私伎。這類妓女，是既賣藝又賣身的。柳永二十歲就離開老家福建，進京參加進士考試，因着自己的淺斟低唱，在東京城待了整整三十年才及第[1]。可以說在人生的大部分時間，他都是一個不折不扣的「京漂」。這三十年歲月他可真沒閑着，將畢生所作詩詞的三分之二，都獻給了這個他歡笑流連的城市，其中的一大部分都與東京城的妓女們有着千絲萬縷的聯繫。柳永有多受歡迎呢？「皇家藝術團」但凡有新曲目，必須求柳永來作詞才能放心對外發佈。那些在他筆下各種「玉肌瓊艷」可供「對酒競流連」的麗人，是他忠心不二的鐵杆「粉絲團」。

東京的妓女要想揚名，光長相漂亮可是遠遠不够的。能歌善舞那是必備本領，擅長琴棋書畫的更是大有人在，能填詞作賦、舉手投足氣度不俗的也不稀奇。財富固然是妓女們的基本生存需求，但是她們普遍更愛的是才華。她們追求的，不是珠翠綾羅，而是柳永作詞的新聲。誰要是能首個唱響，就能紅上好一陣子。於是「粉絲團」的口號是這樣喊的：「不願穿綾羅，願依柳七哥；不願君王召，願得柳七叫；不願千黃金，願中柳七心；不願神仙見，願識柳七面。」[2]

宋朝的妓女業之發達，可謂超越前面所有朝代。這與宋朝商業的興盛是分不開的。東京城不僅是政治上的首都，也是全國的商

1　〔宋〕吳曾《能改齋漫錄》：「仁宗留意儒雅，務本理道，深斥浮艷虛薄之文。初，進士柳三變好為淫冶謳歌之曲，傳播四方，嘗有《鶴衝天》詞云：『忍把浮名，換了淺斟低唱。』及臨軒放榜，特落之，曰：『且去淺斟低唱，何要浮名！』景祐元年方及第；後改名永，方得磨勘轉官。」

2　〔明〕馮夢龍《喻世明言》。

業中心。國內外商戶進出京城流動頻繁，為求生存顯達，不少人離鄉背井來到京城尋找機會。這種人口的流動為城市帶來了活力和繁榮。鏡子的另一面，這幫「京漂」們在生活不穩定感的驅使之下，對性的需求和層次要求也越來越高。加之京城乃全國人才集中之地，另一種類型的「京漂」——上京趕考的士子們都遠離家人妻眷，需要溫柔鄉的陪伴和體恤才不致寂寞。而真正色藝雙全的名妓們，都避着滿是銅臭味的商人，最青睞這些滿腹詩書的士子。柳永、秦觀、晏幾道這樣的青年才俊，她們引為平等相待的知己；對蘇軾、周邦彥這樣的大家，她們崇拜跟隨。可是絕大多數客人，都只把她們當作消遣和享樂的工具而已。

不管在哪個朝代，妓女都是社會的邊緣人物。男人愛看她們，閑暇時間更愛流連妓館，讓她們陪着看景吟詩，聊天作樂，可誰能說那些關於妓女的香艷詩詞下有幾分真心？這些姑娘因着種種緣故流落風塵，不管帶着幾分自願還是身世所迫，點綴着東京城的尋常巷陌，為男人的生活提供些無傷大雅的插曲。這些命途多舛的女子，能落籍的少，從良的就更少，生了病則更是無人問津，有多少人默默地香消玉殞也無人關心。柳永在《離別難》裏寫道：「人悄悄，夜沉沉。閉香閨、永棄鴛衾。想嬌魂媚魄非遠，縱洪都方士也難尋。」就連艷壓京華的李師師，最後的結局也無人知曉，帝王恩有何用？幾闋詞又有何益？不過是轉瞬即逝的煙花罷了，散盡了只有滿地倉皇的紙屑，仿佛曾經的絢爛不曾存在過一般。

春遊才是正經事

你們以為對於我堂堂大宋首都居民來說，上元節逛五天燈會就玩夠了嗎？遠遠不夠！

宣德門前燈山的火芯還沒有完全熄滅，不好意思，我們已經輕鬆地無縫銜接到春遊的情緒。五天不眠不休的狂歡還沒有完全耗盡我們的體力，還有更多精彩在等待繼續。反正我不想落在潮流後面，不然平日裏和小夥伴們聚會的時候，該拿什麼新話題來填詞呢？填不了好詞，怕是永遠也做不了徐婆惜[1]的入幕之賓了！

正月二十，天還沒亮，從新鄭門、南熏門、新宋門⋯⋯走出一撥又一撥不知疲倦的男女老少。他們爭先恐後，熙熙攘攘，歡歡喜喜，能坐車的坐車，坐不了車就結伴步行，像是一場儀式一般，湧向城外諸多探春勝地。此時暖律[2]已被上元節的火熱催得早早來到，遙望碧空如掃，耳聽柳鶯嬌啼，滿眼是韶光明媚，空氣被青草的芳香浸透。原來沁人心脾當作此感受，光置身其中便已足夠歡喜了。

再環視周圍的景色，雖是乍暖還寒光景，却已春容滿野。花朵爭先恐後探出頭來，柳葉剛剛抽芽，斜斜地罩在綺陌間。是極嫩的綠，更是極好的春色，看得人耳目一新，心頭似乎被柳枝輕撫一

1　〔宋〕孟元老《東京夢華錄·京瓦伎藝》：「崇、觀以來，在京瓦肆伎藝，張廷叟、孟子書主張。小唱李師師、徐婆惜、封宜奴、孫三四等，誠其角者。」

2　暖律：溫暖的節候。〔宋〕范純仁《鷓鴣天》詞云：「臘後春前暖律催，日和風暖欲開梅。」

樣的酥軟。仕女們的香車、士子們的寶馬從身邊一一駛過，留下朗
朗笑聲和綿延不斷的氤氳香氣。沿途經過一些亭台水榭，能看到麗
人們的曼妙舞姿在其中閃現。樹林裏妙齡女子們盪着鞦韆，巧笑倩
兮；林間空地上也不得閑，東京少年郎們已經各自圈了地盤，開局
蹴鞠了，圍觀叫好的裏三層外三層看得不亦樂乎。一路還沒行到目
的地，我就已經喜不自勝，未飲先醉了。

　　雖說東京城被諸多園林環繞，城東到十五里之獨樂岡，城西
到三十里之板橋諸園，城北到二十里之蒼王墳，城南到八九里之青
城，分佈着皇家或私家乃至寺廟所有的上百座園圃[1]，百里之內，並
無閑地，形成一道綿延的綠化帶，為東京城帶來無限生機和盈盈綠
意。這些園圃若要一家家都玩遍，怕是春盡暑興都玩不完。因此須
對遊玩之地有所遴選，方能在儘可能短的時間內盡得春之奧妙。但
凡外地來客，我都會鄭重推薦一些東京城郊我鍾愛的去處。這些都
是我數年遊歷沉澱下來的獨家攻略，請體諒我一片私心，勿要外傳
才是。

　　既要探春，那麼城南南熏門外的玉津園不可不去，那裏有最
純粹的春光，較之金明池的喧鬧，別有一番清新風味。[2]玉津園始建
於後周世宗顯德年間（954 年—960 年正月），又名南御苑。我朝太
祖、太宗都極為珍愛玉津園，太祖在位時共莅臨玉津園三十三次之
多，可見恩寵之盛。蘇子瞻《遊玉津園》詩云，「不逢遲日鶯花亂，
空想疏林雪月光」。玉津園的景致以自然風光為主，建築較少。園
中南部有地勢高的土岡，引了惠民河水入園，形成如鏡之池塘景

1　周寶珠《宋代東京研究》第十四章「園林與綠化」。開封：河南大學出版社，
　　1992 年，457 頁。

2　包括玉津園在內的皇家園林，每年的三四月間都會開放，供市民免費遊春。

圖 3-1　文中提及園林分佈示意圖（根據郭黛姮《中國古代建築史》第三卷《北宋
東京城市結構圖》改繪，作者：崔旭川）

觀，輔以鬱鬱葱葱的樹林和散落有致的農田，高低錯落，緊疏有
道，背手漫步其中，盡得大自然之野趣。而玉津園最有趣之處，在
於它有個動物園。沒錯。是貨真價實如假包換的動物園！動物園位
於園內東北側，專門飼養番邦朝貢的珍禽异獸，所豢養的動物既有
大象、獅子、犀牛這等猛獸，也有孔雀、白駝這類看了便好生歡喜
的動物，引得總角小兒驚叫連連，我等成年男子也頗覺有趣。

　　往東走新宋門出城再往南，東水門邊有個宜春苑，這裏遍植牡
丹及纏枝雜花，因位於城東、汴水之陽，向日而亭台最麗，迎郊而
氣候先暖，能在鶯啼聲中賞到趕早開放的花枝，可以說是最先感知

春天的一處園子了[1]。宜春苑最初是秦悼王趙廷美的園林，本為我朝初年太祖宴賞進士之所，此後朝廷也多在此設宴款待大臣。然而現下因為秦悼王趙廷美的緣故[2]，皇家無意多做修葺，長此以往，園子有些破敗之意。我却獨愛這份不為人所喜的落魄與清淨，總會逆着人流去宜春苑偷閑半日，和至交好友置身美景中談天說地，賞花論道，寫詩填詞。酒過三巡，輕撫瑤琴之時，那些因求取功名而夙夜苦讀不寐的辛苦也可以淡然置之了。

倘要論遊人如織的賞春去處，莫過城西新鄭門外南北相對的瓊林苑和金明池。瓊林苑以園林景觀為勝，走進大門，形態蒼勁的奇松异柏於門道兩側夾道相迎，頗為肅穆。可這並不是瓊林苑的全部，園內不僅分佈有石榴園、櫻桃園，亭台樓榭中更是放由酒家在此經營，熱鬧非凡。瓊林苑的東南側建有高達數十丈的華觜岡，上有金碧輝煌的寶津樓。由石道蜿蜒而上至樓前，聞見園內素馨、茉莉、山丹、瑞香、含笑等南方所進貢之花香，真真是「西池風景出塵寰」，此中妙意，不復多言。

與瓊林苑相比，金明池勝在池景。金明池開鑿於太平興國元年（976），當時太宗動用軍卒三萬五千人修建，並引金水河注之，花了三年才修成。水心五殿落成時間更晚，於太平興國七年（982）三月才修成。想這金明池與宜春苑的舊主秦悼王趙廷美也有些關聯，

1　〔宋〕楊侃《皇畿賦》：「其東則有汴水之陽，宜春之苑，向日而亭台最麗，迎郊而氣候先暖，鶯囀何早，花開不晚。」

2　趙廷美是宋太祖趙匡胤的四弟。《宋史》記載遵照太祖之母皇太后杜氏的「金匱之盟」，趙匡胤應將皇位傳給弟弟趙光義，趙光義再傳給趙廷美，趙廷美再傳回給太祖次子趙德昭。可是太宗趙光義繼位後，德昭因事自刎，太宗起了不按「金匱之盟」傳位廷美的念頭。趙廷美後被誣告意欲謀反，被太宗貶出朝廷，三十八歲便鬱鬱而卒。

當年正是因為有人誣告趙廷美想趁太宗泛舟金明池時作亂，才定了
謀反之罪。

　　金明池周圍約九里三十步，池西直徑七里許。走入池門，南
岸西去百餘步，是臨水殿。瓊林苑華觜岡上的寶津樓與臨水殿隔街
相望，樓下由宛若飛虹之狀的仙橋通往池中央的水心五殿。水心殿
正中設有皇帝的御幄，端放一張朱漆明金龍牀，並不禁止遊人到此
觀賞。仙橋南岸立有櫺星門，門裏相對搭起兩座彩樓，每逢爭標
作樂，都有妓女列隊其上，煞是嬌媚。池北岸則是停泊龍舟的船
屋「奧屋」。池四周栽有許多柳樹，王安石曾有詩云：「金明馳道柳
參天。」[1] 我倒是不以為然，馳道邊皆為垂楊柳，柳枝垂到池面上，
初春那層欲說還休的嫩綠映着一片水波粼粼，是渾然天成的清秀之
美，如何「參天」了？怕是在王荊公眼裏，世間萬物都得渲上他的
強勁才是！池東岸道路靠水的那邊都搭有彩棚，一到旺季便出租給
欲觀賞爭標的市民，供不應求，奇貨可居；道路東側則都是酒店、
飯館、食品店、賭場、勾欄，遊玩所需應有盡有，只此一處便可滿
足遊客幾乎所有的休閑需求。

　　每年三月初一到四月初八，瓊林苑與金明池「開池」供市民遊
樂。二月末，御史台在宜秋門貼出皇榜曰：「三月一日，三省同奉
聖旨，開金明池，許士庶遊行，御史台不得彈奏……」[2]「其他在京
官司，不妨公事，任便宴遊。」[3] 金明池開池盛事，連御史台都放下
平日裏的一本正經，只要是東京人便絕不容自己錯過。而每逢舉辦

1　〔宋〕王安石《九日賜宴瓊林苑作》：「金明馳道柳參天，投老重來聽管弦。飽
　　食太官還惜日，夕陽臨水意茫然。」

2　〔宋〕周輝《清波別志》卷中。

3　〔宋〕陳元靚《歲時廣記》卷十八。

水戲表演和龍舟爭標等活動時，整個東京城的人幾乎都聚集在金明池，實在是人滿為患，仁宗年間甚至出現了踩踏死人的慘劇。

所謂爭標，源於太祖年間的水戰操練，到後來演化成了純遊藝活動。金明池中大龍舟最初為吳越王錢俶所獻，長二十餘丈，幾經修繕，哲宗年間更是修了一條長三四十丈、寬三四丈的新船來替換。爭標使用的則是小龍船，共二十餘艘，每條船上都有五十多名紅衣軍士操持，另有百姓主划的虎頭船和飛魚船。小龍船先到奧屋，牽引着大龍船到臨水殿后，在臨水殿東西兩側對峙，虎頭船和飛魚船則列在小龍船之後。稍過片刻，由紅旗指引，小龍船相繼擺出「旋羅」「海眼」「交頭」三種陣型，再列成兩隊，等鼓聲大作，船隊在劃定的賽道內齊頭並進，先到達終點者得標，這時候岸邊看台一片歡騰，觀眾們都高喊各種口號並輔以手舞足蹈。（見彩圖 3-1）

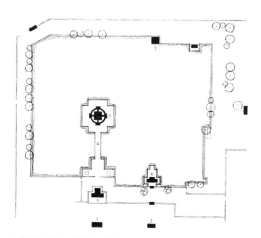

1. 宴殿 2. 射殿 3. 寶津樓 4. 仙橋 5. 水心殿 6. 臨水殿 7. 奧屋

圖 3-2　金明池想像復原平面圖
（李路珂《古都開封與杭州》，清華大學出版社，2012 年）

　　為金明池作詞的人不少，在下不才，也曾在乘興歸家後將自己鎖在書齋，試圖留下些能表現出那頭一等熱鬧的詞句來。然思來想去，到底比不過仁宗朝「露花倒影柳屯田」——柳永的一支生花妙筆，他的《破陣樂》寫活了金明池爭標勝景，在此引來一用，請諸位細細品味：露花倒影，煙蕪蘸碧，靈沼波暖。金柳搖風樹樹，繫彩舫、龍舟遙岸。千步虹橋，參差雁齒，直趨水殿。繞金堤、曼衍魚龍戲，簇嬌春羅綺，喧天絲管。霽色榮光，望中似睹，蓬萊清淺。　　時見，鳳輦宸遊，鷥觴禊飲，臨翠水、開鎬宴。兩兩輕舠飛畫楫，競奪錦標霞爛。馨歡娛，歌《魚藻》，徘徊宛轉。別有盈盈遊女，各委明珠，爭收翠羽，相將歸遠。漸覺雲海沉沉，洞天日晚。

　　爭標過後，皇上賜宴群臣，此時百戲上演，水傀儡[1]、水鞦韆[2]戲於水波之上，岸邊樂聲同樣大作，好像世間所有的歡喜都凝在這一處放出華彩來。大俗大雅，我是同樣地喜歡。宜春苑的清雅，與好友共享最妙；金明池的喧囂，則適合自己獨品。我會尋個茶坊坐下，細細品一壺春茶，笑看錦繡盈都，華光滿目，東京人簡單的快樂盡在眼底。待日暮之後，才徐徐歸去。進到順天門內，華燈初上，東京的夜晚，好戲却剛剛開始。

1　一種水上木偶表演技藝。

2　水鞦韆立在船頭上，表演的人隨鞦韆擺動，和水面平行時突然翻筋斗跳入水中。

五個男人和他們的城

看罷花燈，品過花酒，賞足春光，甲午年的這頭一個月，我們粗粗領略了東京城的歡天喜地，是時候休息會兒了。請允許我按一下暫停，然後把進度條往回拉，一直拉到 0：00 去。在北宋轉過身，從戰國數起，聊聊一千好幾百年的漫長歲月裏，與這座城池糾纏不清的五個男人。是他們一手打造了這座北宋王都的格局和氣度，讓它在經歷幾個輪迴的起伏跌宕後，終於攀上歷史的巔峰，然後重重跌下。

中國的城市，尤其是首都，總逃不過一個無奈的輪迴。帝王好不容易建了一座城，那個宮殿迤邐，那個前朝後寢、左祖右社、中軸線，妥妥帖帖，那個車水馬龍、摩肩接踵，結果王朝更替時被下一撥帝王要麼縱火，要麼放水，要麼拆除，毀得一乾二淨。有在原址上身殘志堅從頭再來的，也有索性化為廢墟專供文人來憑弔懷古的。荒涼和空曠，加上歷史變化無常的佐料，很容易催生出些詩詞歌賦來。

唐朝的文藝青年也喜好結伴旅行。據杜甫回憶，天寶三載，他曾和李白、高適一起去最早在開封建都的魏國大梁城遺址訪古。那時候啊，酒必須是喝好了，哥兒仨登上吹台。[1] 放眼望去，蕭瑟遍地，年輕的心於是起伏不定，被排山倒海的滄桑感瞬間擊中。到老

---

[1] 吹台，相傳是春秋時著名音樂家師曠鼓樂之台，漢梁孝王后來翻修此台，並常在此欣賞音樂。

了，憶及少年時的旅行，杜甫揮筆寫道：「憶與高李輩，論交入酒壚。兩公壯藻思，得我色敷腴。氣酣登吹台，懷古視平蕪。」《新唐書‧杜甫傳》裏引了這件事，後面加上四個字「人莫測也」。然而從高適的詩《古大梁城》裏推測，吹台早已不復存在：「全盛須臾那可論，高台曲池無復存。」杜甫登的究竟是不是吹台姑且不深究，但他成功擁有了一顆懷古的心。

而真正的古，是大梁城廢墟背後頹唐站着的那位少時清醒睿智、老了糊塗可笑的魏惠王。

再多繁華，也會在須臾之間盡數毀去。即便你是當初志得意滿的魏惠王，也料不到最後的結局。公元前 364 年，魏惠王將國都從安邑 (在今山西省夏縣境內) 遷到儀邑，將其命名為「大梁」，魏惠王因此又得了梁惠王這個名號。「孟子見梁惠王」的事件發生地，便是在當時極盡繁華之能事的大梁城。大梁城周長三十餘里，耗了三十萬人力築就。

城墙有如今的四層樓那麼高[1]，共有十二座城門。我們可以稍微留意一下東邊的夷門——昔日赫赫有名的戰國四公子之一、信陵君無忌竊符救趙時，幫他忙的那個夷門監侯嬴，守的便是這座門。

眼光獨到的魏惠王還着手水利建設，他開挖中國歷史上最早的人工運河系統鴻溝，從「滎陽下引河東南為鴻溝，以通宋、鄭、陳、蔡、曹、衞，與濟、汝、淮、泗會；於楚，西方則通渠漢水、雲夢之野，東方則通鴻溝、江淮之間」，[2] 聯繫黃河水系和淮河水系，使大梁四通八達。輔以寬鬆的商業環境和適當的貨幣機制，大

1　〔漢〕司馬遷《史記‧穰侯列傳》記載：「以三十萬之衆，守梁七仞之城，湯、武復生，不易攻也。」

2　〔漢〕司馬遷《史記‧河渠書》。

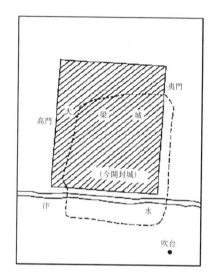

圖 4-1　大梁城平面示意圖
（李長傅《開封歷史地理》，商務
印書館，1958 年）

梁乃至魏國的經濟昌盛，風頭一時無兩。到了魏襄王時期，大梁城
已經「地方千里……人民之眾，車馬之多，日夜行不絕，輷輷殷
殷，若有三軍之眾」。[1]鴻溝給了大梁生命，却也終結了它的生命。
一百四十年後的公元前 225 年，秦始皇統一的車輪碾軋到了魏國，
秦將王賁久攻大梁不下，索性毀壩決堤灌城。水圍大梁三月後，城
破國亡，大梁從此走上沒落之路。帶着原址的一片廢墟，它是秦時
的浚儀縣，百無聊賴走到漢朝，變成陳留郡的一分子，迎來了漢武
帝的叔叔，竇太后最寵愛的小兒子梁王劉武[2]，可他來了不久便嫌棄
這兒潮濕，跑到別處建都了。還迎來了太史公司馬遷到此訪古，慨
歎秦一統天下是天所命，在《史記》裏發了通感慨，也走了。又來

1　〔漢〕司馬遷《史記》卷六十九《蘇秦列傳第九》。

2　又稱梁孝王，以善待文人而廣為人知，所以唐朝文藝青年都愛緬懷他。

了那個才華橫溢的曹植，公元 227 年，他被封為「浚儀王」。

再往前走，進入東魏，把陳留郡治所挪到浚儀來，又給它安了個名，叫作梁州。後來魏國狂放男阮籍也來過，他來的時候已經是「綠水揚洪波，曠野莽茫茫。走獸交橫馳，飛鳥相隨翔」，[1] 野趣叢生，勝景全無了。瘋瘋癲癲的魏晉好不容易過去，吵吵嚷嚷的南北朝又來了。公元 576 年，北周終於滅了北齊，收了梁州，看到城邊有條汴水，心想就叫汴州好了。朝代和皇帝換來換去，名字換來換去，像玩兒一樣，再淡定的城，恐怕心多少也累了。

直到唐德宗建中二年 (781)，永平節度使李勉來了。李勉是個實在人，一生出將入相，曾位極人臣，仍能保持剛直不阿、清正廉儉的秉性，還是個一流的琴家和斫琴師，所斫的響泉、韻磬，誰要都不給。到了汴州，他可沒有文縐縐地作詩，也沒有虛頭巴腦地懷古，而是踏踏實實再造這座城市。李勉來的時候，汴州城因為隋煬帝挖的那條京杭大運河煥發了第二春。交通，都是交通。交通能帶來人流和商流，也能為前線的戰士源源不斷輸去糧草。由於汴河在漕運上的便利性，汴州城不管是在軍事上還是經濟上，都夯實了它中原重鎮的地位。韓愈盛讚汴州：「屯兵十萬，連地四州。左淮右河，抱負齊楚。濁流浩浩，舟車所同。故自天寶已來，當藩垣屏翰之任，有弓矢鈇鉞之權，皆國之元臣，天子所左右。」[2]

李勉做汴州刺史時，汴州城因為商旅雲集，已經十分擁擠了，擴建勢在必行。且各路藩鎮彼此勾結，與朝廷為敵，基於軍事的考量也應加固城墻。李勉對汴州城的重築又稱「築羅城」，[3] 他做了兩

1　〔三國〕阮籍《詠懷詩·二十》。

2　〔唐〕韓愈《送汴州監軍俱文珍序》。

3　《舊唐書·列傳第八十一》之「李勉」。

件事。一、修築外城。外城周長二十里一百五十五步，有七座城門。他把節度使衙署遷來，放在城內北偏西處，周圍砌上周長四里的城牆。二、把汴河圈進汴州城內，使江南運來的物資能在汴州城內中轉，並在汴河與南北幹道交叉處修建了一座橋，叫作汴州橋，這裏是貨物運輸分段管理的邊界。軍事上，藩鎮被大規模的修城震懾和抵禦；經濟上，汴河的重新規劃改善了漕運交通，促進了汴州城後續的經濟發展。

汴州城自此上了快車道，沿途經過後梁朱全忠 (907)、後晉石敬瑭 (936)、後漢劉知遠 (947)、後周郭威 (951)，短短四十年，積下四朝國都的傲人簡歷。汴州，其時已是東京城，一路昂首闊步地迎來了後周世宗柴榮，用他的手，堅定地繪下了自己最美的輪廓。

説起後周世宗柴榮，這位皇帝在我看來幾乎是個完人。他並不是後周太祖郭威的親生兒子，却憑實力坐上了王位。在位短短六年，留下文治武功赫赫功績。司馬光評價道：「若周世宗，可謂仁矣！不愛其身而愛民；若周世宗，可謂明矣！不以無益廢有益。」[1] 就連奪走他江山的趙匡胤對這位前主子也一直心懷敬意。如果柴榮不是三十九歲便英年早逝，歷史會怎樣書寫？可惜，歷史不允許假設。

作為五代十國時期最傑出的皇帝，柴榮除了長得帥、性格好、會打仗、會治國、重民生之外，對城市規劃也頗有研究。柴榮即位時，東京已是違章建築橫行的城市，居民不斷侵佔街道建造自己的房屋，使得道路更加狹窄，大部分道路不過十幾到二十幾步寬，連皇帝的車都過不去。整個城市擁擠不堪，同時人口又在不斷增長，原有的城市規模已經無法滿足發展的需要。柴榮下決心改造東京

1　〔宋〕司馬光《資治通鑒・後周紀三》。

城。後周顯德二年 (955) 四月，他頒佈了建築外城的詔書，曰：

> 惟王建國，實曰京師，度地居民，固有前則，東京華夷
> 輻輳，水陸會通，時向隆平，日增繁盛。而都城因舊，制度未
> 恢，諸衛軍營，或多窄狹，百司公署，無處興修。加以坊市之
> 中，邸店有限，工商外至，絡繹無窮，僦賃之資，增添不定，
> 貧乏之戶，供辦實多。而又屋宇交連，街衢湫隘，入夏有暑濕
> 之苦，居常多煙火之憂，將便公私，須廣都邑。宜令所司於京
> 城四面，別築羅城，先立表識，候將來冬末春初，農務閑時，
> 即量差近甸人伕，漸次修築，春作才動，便令放散，或土動未
> 畢，即次年修築。今後凡有營葬及興窰灶並草市，並須去標識
> 七里外，其標誌內候官中劈畫，定街巷、軍營、倉場、諸司公
> 廨院，務了，即任百姓營造。[1]

　　這份詔書首先闡述了改擴建的重要性。於公，作為都城，東
京就得有都城的樣子；於私，現下軍營、公署建設都是必要之舉，
原來坊市中店舖有限導致租費攀升的問題也需要解決。居民生活
條件也亟須改善：現在屋子都建得連綿成片，導致夏天暑濕，火
災頻繁，再不改造都有性命之憂了。在説明「將便公私，須廣都
邑」後，柴榮進一步闡明擴大城市用地的具體規劃，即在舊城之
外新建羅城，新建的城牆周長達到四十八里二百三十三步，相當
於原來的四倍。規劃之後，柴榮不忘列明具體實施措施，包括人
員安排——等到農閑時方差遣人伕依次修建，春耕開始後，再解
散施工隊伍各自勞作，如果當年修不完，可以拖到第二年再來修

1　〔宋〕王溥《五代會要》卷二十六之「城郭」。

築——對民生的體恤可見一斑；時序安排和用地佈局——墳墓、
窯灶、草市都在新城牆標識七里之外，新城牆標識內官府規劃好街
巷、軍營、倉場、官署所用的地段以後，百姓可以自己建造房屋，
給予民眾的自由度相當大。就此，東京城外城、內城、皇城三重城
池的格局終於形成。其中皇城在原宣武軍節度使治所基礎上修建，
內城是唐汴州的州城，外城則由柴榮一手打造。

　　新城牆於顯德三年（956）正月開工修築，由大將韓通督工建
造。韓通這人耿直，趙匡胤黃袍加身後，後周臣子惟韓通一人拚死
反對。性子剛烈如韓通，修築的城牆也如他本人一般，堅固如銅牆
鐵壁。這樣的城牆直到後來蒙古攻打金國時，即使受到炮擊，也只
是凹下去一塊而已。城內的道路則由柴榮手下的重臣王樸督建。王
樸和柴榮一樣，都是務實派，上至安邦定國、提出「先南後北」的
統一策略，下到研究天文曆法、音樂定調，乃至親力親為監督東京
的拆遷修路，他樣樣都行，「凡通衢委巷，廣袤之間，靡不由其心
匠」。[1]即使在古代，拆遷工作也是很難推進的。百姓不配合，朝廷
的壓力也很大。甚至有官員因為拆遷不力而被當街杖打至死。可是
一國之都總得有個樣子，於是顯德三年六月柴榮下了宣傳拆遷政策
的詔書，寫得那叫一個苦口婆心、循循善誘：

　　　　輦轂之下，謂之浩穰，萬國駿奔，四方繁會，此地比為藩
　　翰，近建京都，人物喧闐，閭巷隘狹。雨雪則有泥濘之患，風
　　旱則多火燭之憂，每遇炎熱相蒸，易生疾疹。近者開廣都邑，
　　展引街坊，雖然暫勞，終獲大利。朕自淮上回及京師，周覽康
　　衢，更思通濟，千門萬戶，靡存安逸之心，盛暑隆冬，倍減寒

1　《舊五代史・周書十九・列傳第八》之「王樸」。

溫之苦。其京城內街道闊五十步者，許兩邊人戶，各於五步
內，取便種樹掘井，修蓋涼棚。其三十步已下至二十五步者，
各與三步，其次有差。[1]

這份詔書不僅重新念叨了一遍城市改造的必要性，還對道路等
級和綠化提出了要求。柴榮將街道按照寬五十步、三十步和二十五
步分為三個等級，並允許民眾在道路退線範圍內自行綠化。柴榮對
城市建設的鬆弛之道，可謂見解頗深。在一切都部署完之後，他還
對身邊的人說：「這樣的事情早晚都得做，而這樣做的好處幾十年
後大家都會看到。」事實證明，幾百年後，我們仍然看得分明。宋
東京在城市建設上的輝煌，幾乎完全建立在柴榮即使用現代觀點看
來也頗具遠見的改造基礎之上。

陳橋兵變，趙匡胤黃袍加身，却沒有遵照我國慣例毀掉前朝首
都，而是安安靜靜地接手住了下來。但他並不打算長期定都於此，
而是把目光投向歷史悠久且有天險圍護的數朝國都長安和洛陽，
「吾將西遷者無它，欲據山河之勝而去冗兵，循周、漢故事，以安
天下也」。然而就算是皇帝也不能全憑自己意志行事，不光滿朝文
武幾次三番反對，晉王兼開封府尹趙光義更是跪在兄長面前，用
「在德不在險」五個字生生把趙匡胤遷都的念頭堵了回去。太祖只
能在趙光義出去後對左右說，「晉王之言固善，今姑從之。不出百
年，天下民力殫矣」。[2]趙光義的小九九昭然若揭。洛陽，是他的王
位競爭對手、姪子趙德芳的地盤，開封，却是他趙光義苦心經營的
大本營。趙光義任開封府尹長達十五年，直到斧聲燭影之後承了帝

1　〔宋〕王溥《五代會要》卷二十六之「街巷」。

2　《宋史全文》卷二。

位才離任，是任職時間最長的開封府尹。

開封府原址於五代後梁開平元年 (907) 興建，自此汴州改名為開封府，第一任府尹柴榮，第二任府尹便是趙光義。說起開封這個名字，並不是沒頭沒腦冒出來的。話說北宋年間，梅堯臣也曾路過一片斷壁殘垣，自然，他也寫了一首詩，在我看來雖不甚動人，卻足夠紀實：「荒城臨殘日，雞犬三四家。豈復古阡陌，但問新桑麻。頹垣下多穴，所窟狐與蛇。漢兵墜銅鏃，青血為土花。」荒城、殘日，三四家人零星，多穴頹垣，動物在裏面安家。這座頹唐的荒城便是昔日的啟封。[1]

啟封城的興起得益於春秋末年各國的新城建設狂潮。當年鄭莊公雖僅位列小霸，却也不甘人後，加入了新城建設隊伍。他見到這塊土壤條件好、交通條件好的土地，於是在此圈地為城，同時「思啟封疆以利社稷」，為其命名為「啟封」。[2] 到了漢朝，啟封因避漢景帝劉啟的名諱，更名為開封。開封縣治於唐睿宗延和元年 (712) 移至汴州，原縣址降為附郭縣，後逐漸廢棄，到了宋代已經是一片廢墟了。宋朝初年，索性把開封這個名字徹底冠到汴州頭上。這筆關於東京、開封、汴州等名字的亂賬，也不知道在這裏說明白沒有。

至於最後一個男人，那位更適合被稱為藝術家的宋徽宗趙佶和他重新塑造的東京、那煙霧彌漫猶如仙境的艮岳、那落在宣德門城樓屋脊上的仙鶴，關於他和他奢侈的夢境，我想留到最後說。盛放後常是蕭條，高潮後總是落寞。誰也無力一手造就一切。也許並不是他讓東京告別，而是東京決定與他告別。

<hr>

1　如今開封城南 25 公里處的朱仙鎮古城村。
2　《左傳·成公八年》。

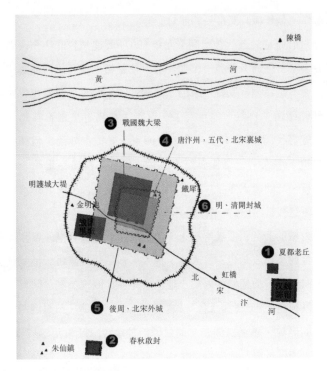

圖 4-2　開封城址變遷圖

（李路珂《古都開封與杭州》，清華大學出版社，2012 年）

宮

對於小說與史實不符這件事，我們大可不必太較真，畢竟以訛傳訛是常有的事。比如，《七俠五義》捧紅了頭頂小月牙的包青天，但其實包拯只在開封府當了一年半的府尹而已。他清廉剛正，確實是個好官，可《七俠五義》裏的情節自然多屬虛構。再比如，大家都熟知的「狸貓換太子」的故事是個張冠李戴的編排，所謂心腸歹毒的劉太后其實身世曲折、心思仁慈，還頗有治國之才，對仁宗生母李宸妃一直都善待有加。這位劉太后的身世完全值得大書特書，不知道為什麼小說和電視劇都放過了這一絕佳素材。

劉太后本名劉娥，四川姑娘。十六歲那年，劉娥跟隨丈夫龔美離開家鄉進京打工。龔美銀匠出身，不僅手藝巧，社交能力也頗強；劉娥則擅長擊鞀[1]，鼓詞也唱得好，在當時小有名氣。夫妻倆在東京城的小日子過得有聲有色。龔美見襄王府[2]選姬，竟將妻子劉娥包裝成表妹，託關係送進王府，這對市井伶仃夫婦的命運從此被改寫。劉娥本就美貌聰慧，和趙恆迅速如膠似漆。後太宗知曉此事，龍顏大怒，迅速為趙恆選了另一位被小說抹黑的苦主——潘美的女兒做王妃。劉娥被送出王府，偷偷摸摸過了十五年，直到趙恆即位才進宮，自此得百般恩寵，直到母儀天下。

1　即撥浪鼓。

2　襄王即後來的宋真宗趙恆。

真宗在位後期，身為皇后的劉娥已經開始幫忙處理朝政。她不像一般得寵后妃那般愛金銀珠寶、華服美裳，上演宮心計，而是勤於學習，熟讀史書，佐政之才得到真宗的充分認可，真宗去哪兒都要帶上她才安心。仁宗趙禎即位後，太后劉娥在承明殿垂簾聽政長達十年，「帝與太后五日一御承明殿，帝位左，太后位右，垂簾決事」。[1] 雖流連數年不願還政，她卻到底沒生出武則天君臨天下的心，對不是親生的仁宗也十分照拂。當初仁宗即位，劉太后曾對輔佐的大臣說：「皇帝聽斷之暇，宜詔名儒講習經史，以輔其德。」[2] 於是設幄於崇政殿西廂，日命近臣侍講讀。

明道二年（1033）二月乙巳這天，自知命不久矣的劉太后身穿簡化版的天子袞衣，頭戴儀天冠，步入太廟行祭典初獻之禮，並在太廟文德殿接受了一串尊號：應天齊聖顯功崇德慈仁保壽皇太后。在這場華麗到極點的告別後，劉太后徹底還政於仁宗，同年三月病逝於寶慈殿。劉太后故去後，仁宗在皇儀殿似乎是故意向群臣哭訴：「母后去世前拉着我的衣服不放，這是為什麼呢？」參知政事薛奎進言道：「那必是太后不願意穿着天子的服飾下葬所致。」於是劉太后身上的天子服飾被換成了皇后的官服，帶着章獻明肅皇后的諡號下葬於永定陵。

為什麼用一千多字介紹劉娥的一生？並不是為了湊字數。相信我吧！當你像我一樣，徐徐打開《宋史‧地理志》，或者是《宋會要輯稿‧方域》《東京夢華錄‧大內》，面對着一長串宮殿名稱時，除非你是專業歷史學者或者考古工作者，否則，你都會情不自禁地問

---

1 《宋史‧列傳第一‧后妃上》。

2 同上。

自己：「所以呢？」知道這些宮殿叫什麼名字，在皇城西北角還是東南角對我的人生有什麼好處？然後迅速掩卷去看小說裏的快意恩仇。

但是當地點和人物、事件聯繫起來就不一樣了。於是我選擇了一個比較豐滿、有看點的人物追了下去。這位有故事的女人、垂簾聽政十一年的劉太后，住在寶慈殿，在承明殿一坐就是十年。為什麼不是十一年？因為明道元年（1032）某個月黑風高的夜晚，大宋禁中着了一場大火，把連同承明殿在內的八座宮殿燒了個精光。仁宗任命宰相呂夷簡為修葺大內史，重新修建宮殿，並因此將諸殿的名字都改了。這次修繕工程花了二十萬緡錢，也就是二十萬兩銀子[1]。

承明殿，只不過是皇城大內近百座宮殿中的小小一隅。劉娥頭戴龍鳳花釵冠，交領大袖花錦袍服的裙裾曾掃過殿內的金磚，而在皇城內鱗次櫛比的宮殿裏，陽光曾慷慨地撫摸過那些華貴的琉璃筒瓦，清秀的綠色屋頂綿延巍峨，皇家的威嚴曾徘徊在連廊裏、盤龍廊柱間。當承明殿、寶慈殿、皇儀殿、大慶殿、紫宸殿……隨着朝代更迭化為塵土掩於地下，我們却還能從史書的蛛絲馬跡裏依稀想像，仿佛磚瓦片片重塑，歷史重演。趙匡胤端坐福寧寢殿，把百官全都叫來訓話：「你們看看，你們看看！朕的心思就像這宮殿一樣端正！」[2]穿着紫袍子，腰上挂着金魚袋的王安石黑着臉走下紫宸

1　《宋史·地理志》：「明道元年八月，修文德殿成。是夜，禁中火，延燔崇德、長春、滋福、會慶、延慶、崇徽、天和、承明八殿，命宰相呂夷簡為修葺大內使，樞密副使楊崇勛副之，發京東西、河北、淮南、江東西路工匠給役，內出乘輿物，左藏庫易緡錢二十萬助其費，以故改諸殿名。」

2　〔宋〕葉夢得《石林燕語》載，宋太祖重建開封皇宮時，下令「凡諸門與殿須相望，無得輒差，故垂拱、福寧、柔儀、清居四殿正重，而左右披與升龍、銀台等諸門皆然，惟大慶殿與端門少差直。宮成，太祖坐福寧寢殿，令闢門前後，召近臣入觀。論曰：『我心端直正如此，有少偏曲處，汝曹必見之矣。』」

殿台階，剛和他吵了一架的司馬光在他身後滿臉不屑；那年蘇軾還年輕，正在文德殿上奮筆疾書；往後走，延福宮裏看見了趙佶和蔡京，趙佶攤開了王希孟的青綠畫卷，大好的《千里江山圖》他揮揮手賜給蔡京。

我們多少都知道，從周王朝開始，歷代都城的建設都是有規制的。「匠人營國，方九里，旁三門。國中九經九緯，經塗九軌，左祖右社，面朝後市，市朝一夫。」[1] 即使難免會遇到地理上的限制，但帝王們總是希望能合乎祖制，以證明自己取得政權符合正統。體現在宮殿的規劃建設上，若是面對一片人空地，自然是盡恢宏之極致，以彰帝威之磅礡。秦始皇的阿房宮僅前殿就有 0.55 平方公里，是明清整個故宮（總面積 0.72 平方公里）的三分之二那麼大；漢未央宮佔地面積 5 平方公里；唐大明宮佔地面積 3.5 平方公里。北宋皇城、宮城是為同一城，據《宋會要輯稿·方域》記載：「大內據闕城之西北，宮城周回五里。」據今人考證，皇城南北長約 690 米，東西寬 570 米，周長約 2520 米，總佔地面積約為 0.4 平方公里。[2]

由於宋太祖趙匡胤並未循慣例毀掉前朝都城，因此皇城並非起自平地，而是在唐宣武軍節度使的府衙基礎上擴建而成。五代時期這裏雖也是皇宮，但那些短命王朝只是略有建設而已，真正的大興土木，還是從太祖建隆元年 (960) 開始的。他下令仿照洛陽宮殿的

1　《周禮·考工記》之《匠人營國》。

2　北宋皇城規模現在有兩種觀點，一是周回五里說，宮城皇城合一，面積約 0.4 平方公里（丘剛）；一為周回九里十三步說，皇城與宮城分開，皇城南北長約 900 米，東西寬 1580 米，面積約為 1.35 平方公里（李合群）。本文取周回五里說。見丘剛、董祥《北宋東京皇城的初步勘探與試掘》，《開封考古發現與研究》，鄭州：中州古籍出版社，1998 年。

模式建造，整個擴建工程歷時四年，從此皇宮才有了壯麗之氣。太宗雍熙三年(986)，太宗還想再擴建皇城，可是居住在周圍的民眾都不願意搬遷，也就只能作罷了，皇城規模止步於周回五里。[1] 真宗大中祥符五年(1012)正月，下令「磚壘皇城」，使皇城成為東京城內唯一的磚城。[2] 徽宗政和三年(1113)，在皇城北部拱宸門外擴建了延福宮，皇城規模達到了巔峰。

北宋皇城略呈方形，位置在全城的中央略偏西北，共有六個城門。東有東華門，西有西華門，北邊則是拱宸門；在南邊三門中，上元節時最熱鬧的宣德門，被左掖門和右掖門一東一西夾在正中間。宣德門一開，正對的是大慶門，大慶門兩邊兩扇門，曰左右升龍門。其中宣德門只允許車馬通過；平日裏上早朝的話，官員們只能順着左、右掖門大街北行，走到東西華門大街，然後再通往所需宮殿；而左、右升龍門則僅供官員們出入大慶殿使用。以東西華門大街為界，皇城分為南北兩大部分，南為外朝，設有重要官署，北為內廷，又稱禁中。而連接拱宸門與宣佑門的街道又將禁中分為東西兩大部分，西區為皇帝及其家族日常起居辦公之地，分佈有各大宮殿，東區則為殿中省、御廚、六尚局等內廷管理機構的分佈地。

穿過大慶門，迎面便是大慶殿。大慶殿為「工」字形宮殿，面闊九間，兩側有東西挾殿各五間，東西廊各六十間。它坐落於中軸線上，是整個皇城中最高大也是最重要的大殿。隋唐以來，帝王的辦公一般分為大朝、日朝和常朝三個層次：大朝是冬至、元旦大

1　《宋史·地理志》：「建隆三年，廣皇城東北隅。……雍熙三年，欲廣宮城，詔殿前指揮使劉延翰等經度之，以居民多不欲徙，遂罷。宮城周回五里。」

2　〔宋〕李燾《續資治通鑒長編·卷七十七》：「是月(大中祥符五年正月)詔以磚壘皇城。」

朝會，日朝是皇帝每月初一和十五接見群臣，常朝則是皇帝日常辦公。大慶殿便是北宋皇城的大朝場所。但凡冬至、元旦舉行大朝會，這座可以容納萬人的大殿裏站滿了文武百官和外國使臣，「玉殿鳴鞘傳警蹕，彤庭委佩集簪紳」。[1] 冬至朝賀之時，皇帝舉起第一盞酒，皇家樂隊奏響莊嚴的樂曲：「乾坤順夷，皇有嘉德。爰施慶雲，承日五色。輪囷下垂，萬物皆飾，維天祚休，長被無極！」[2] 臣子們向皇帝山呼萬歲地跪滿一地，龍椅上端坐着天威不可侵犯的皇帝，他冠冕後的面容也不知有誰能看得分明。

但有一點可以肯定，這麼大的宮殿，又沒有暖氣，他們一定都凍壞了。

皇宮嘛，無非是宮殿連着宮殿，再被一圈圍牆關起來。一個皇帝走了，下一個皇帝又急匆匆地坐上龍椅；妃子們在後宮環佩叮噹，逐年累加；外加那些王子公主，一茬又一茬，生生不息；大臣們來來往往，可認真不得——別看您今年高昇，明年可能又被貶到天涯海角去了。除了趙普那個老滑頭，連王荊公也免不了在江寧府終老。支撐皇宮運轉的，是皇權威嚴下一大票禁軍、太監、宮女每日的忙碌勞作，是國庫源源不斷撥的款項，是大宋王朝還好端端延續着，即使要向大遼彎一下腰。要知道，一個王朝如果毀滅，此朝的皇宮也就沒有了存續價值，就算新人不放火燒掉，也會在遺忘中披上風沙，化作廢墟了。因此，今人對舊城的不珍惜幾乎是有歷史原因的：那些戳不上自己印記的，管它再華美無匹，跟我有什麼關係！

1　〔宋〕司馬光《和次道大慶殿上元迎駕》。

2　〔宋〕王珪《皇帝冬至御大慶殿舉第一盞酒三慶云之曲》。

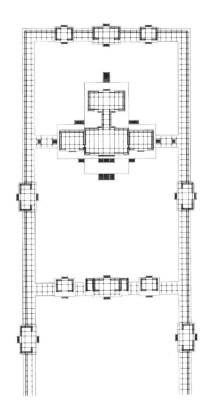

圖 5-1　大慶殿平面示意圖
（郭黛姮《中國古代建築史》第
三卷，中國建築工業出版社，
2009 年）

　　以往漢唐史書裏記載自己的皇宮大殿，多會描述宮殿台基的高
峻以彰顯其規模，唯獨宋代沒有留下關於宮殿台基的隻言片語，僅
稱大慶殿有龍墀、沙墀[1]之制而已。宋代的建築，不知因何緣故一
掃唐風的雄渾大氣，變得精巧內斂起來。

1　即宮殿用丹砂塗製的台階。《宋史・禮志十九》：「陳輿輦、御馬於龍墀，傘扇
　　於沙墀，貢物於宮架南，餘則列大慶門外。」

圖 5-2　《營造法式》插圖中的格扇
（〔宋〕李誠《營造法式》）

　　宋人是文靜聰慧的，講究生活況味的。大宋的宮殿是內斂的、
秀麗的、富有層次的，屋脊和屋角都要優雅地輕輕翹起，連屋頂的
顏色都要加上靈動的青翠，不知道多妥帖。崇寧二年 (1103)，將作
監李誠組織編撰的《營造法式》問世了，共 34 卷 357 篇 3555 條記
錄，總結了當時的建築設計和施工經驗，將那些令人瞠目結舌的
建築細節擺在我們這些後人眼前。那些大木作、小木作、竹作、
泥作、瓦作、彩畫作……光格子門的一張門框就有七八種樣式，
彩畫中每一朵花的每一片花瓣都要經過由淺入深、四層渲染才能
算完工。

　　北宋皇宮是一片怎樣的園子呢？王安石曾經寫過一首很嗲的
詩，細細描寫了他眼裏的大內：「嬌雲漠漠護層軒，嫩水濺濺不見
源。禁柳萬條金細拈，宮花一段錦新翻。身閑始更知春樂，地廣還

同僻世喧。不恨玉盤冰未賜，清談終日自觸煩。」[1]朝堂之上脣槍舌劍、風雲變幻，心自然是累透了的。走出崇政殿殿門，把那些吹鬍子瞪眼和自己吵架的老頭子拋在身後，看着眼前嬌嫩的花花草草，把宮殿渲染得是那麼賞心悅目，王荊公忍不住停下腳步，抬起頭來。那是宮內一個稀鬆平常的春日，他看到頭頂碧藍的天，片片雲朵徐徐移動在天際，雲朵下連綿不絕的宮殿似乎看不到邊緣。這裏，便是他每日必須一日百戰的戰場了。

王安石們的每一天，都是從黑燈瞎火的四更天開始的。歐陽修曾經無不哀怨地寫道：「十里長街五鼓催，泥深雨急馬行遲。」[2]每天天還沒亮，那些四更就已起牀、睡眼惺忪的官老爺，要麼騎馬，要麼坐轎，紛紛從自己居住的外城經過一路跋涉至禁門外。宰執[3]以下的官員需用白紙寫上自己的官位，貼在燈籠上，由隨從舉着便於辨識，以避免夜間執勤士兵產生誤解。這種官僚們舉着燈籠大批聚集在皇城門口的情景，一度被稱為「火城」。到了皇城口，官員們會進入待漏院稍作休息。

待漏院是一片十餘間形態細長的房子，按照官職不同劃分為不同區域。據王禹偁《待漏院記》記載，宰相的待漏院位於宣德門右側。為了顯示身份尊貴，宰相往往是「火城」最後到達的那一個，他會在自己的房間裏燃上蠟燭，處理一段時間公務。在待漏院等急了的官員們還可以得到供應的酒水、水果和各類早點。不僅有官府蓋了間小屋專門供應，嗅覺靈敏的東京小販們更不會放過此等大好

---

1 〔宋〕王安石《崇政殿詳定幕次偶題》。

2 〔宋〕歐陽修《集禧謝雨》。

3 宰執即為宰相與執政的統稱。宋朝宰相稱為「同中書門下平章事」，簡稱「同平章事」，副宰相稱為「參知政事」，也叫「執政」。

商機。於是待漏院門口「燈火、人物、賣肝夾粉粥,來往喧雜」,[1]
比現代都市早晨忙碌的地鐵口更甚。

　　五更天后,鐘樓的鐘聲響起,通知日出。一百響之後已是卯時
一刻,此時禁門開啟,百官入朝。[2]平日裏百官和皇帝上班的「朝」,
發生在三朝中的日朝和常朝。

　　北宋皇城被連接東西華門的東西橫街分為外朝和內廷兩部分。
其中外朝區幾乎是被等分為五個長方形,正中間的長方形便是大朝
大慶殿組團。作為日朝的文德殿,並非和大慶殿一起位於中軸線
上,而是被擺在了大慶殿的西北面。在大慶、文德二殿以北,隔着
東西橫街的內廷區中,坐落着北宋前期作為日朝、後期退為常朝的
紫宸殿,以及常朝垂拱殿。垂拱殿通過柱廊與文德殿相連,以便於
日朝與常朝之間的聯繫。垂拱殿往西走便是大內許多重要事件的發
生地集英殿、皇儀殿、崇政殿。再往北去,便是皇家居住區——內
廷了。(見彩圖 5-1)

　　禁門開啟,百官魚貫而入,垂拱殿的常朝朝會馬上開始。宋真
宗即位之初,每天都要御臨垂拱殿,接受中書、樞密院、三司、開
封府、審刑院和請對院的奏事,到辰時後才可以退回宮中用早飯。
垂拱殿殿外庭中立有石位,供各位大臣立班。分班起居[3]之後,需
要奏事的官員們再依次進殿面奏。

　　在垂拱殿朝會召開的同時,另一群苦不堪言的常參官[4]則正在

1　〔宋〕潘汝士《丁晉公談錄》。

2　《宋史·律歷志·漏刻》:「常以卯正後一刻,為禁門開鑰之節,盈八刻後,以
　　為辰時。」

3　即群臣向皇帝跪拜。

4　指不處理具體事務的朝臣。

文德殿苦苦守候着宰相的到來。文德殿雖然是名義上的日朝，若嚴格按照舊時傳下的禮制，皇帝應該每天都來視朝，但是執行起來完全不是這麼回事。除了月朔舉行入閣儀式時來文德殿接見一下群臣外，平時皇帝並不出現。於是只有待到垂拱殿的常朝結束了，負責押班[1]的宰相來到文德殿，群臣列隊面對面站好，宰相宣佈一聲「皇帝今天不來啦」，這個無所事事的朝會才能算結束。

由於垂拱殿朝會辰時才能結束，常參官們往往要等待兩個小時之久才能熬到宰相來放班。於是文德殿在殿前東廡貼心地設了幕帳，備好各類「假寐」設施，包括連榻、冬氈、夏席等，供諸位苦悶的官員小憩。日子久了，連宰相也懶得來趕場押班，改由御史台負責放班，本來就十分厭煩這個儀式的常參官們更加懶得來了，到最後出席文德殿日朝的官員零零散散，剩不下幾人。這一純粹形式化的日朝儀式直到神宗元豐四年（1081）才宣告取消。

宮裏的生活，可不像電視劇裏演的那麼輕鬆浪漫。不管是當官還是當皇帝，都不是件省心差使。要當一個好皇帝，恐怕很難抽出時間來和妃子們談戀愛。垂拱殿朝會結束後，皇帝退到便殿——如延和殿、崇政殿——坐殿，換下朝服，輕裝上陣，召見宰輔、樞密使等重臣議事。雖然坐殿並不需要每天都來，逢假期皇帝可以稍作休息。但勤奮皇帝如宋真宗，在辰時用過餐之後，還要再去後殿視察一下諸司事務，或者是檢閱軍士的武藝直到中午，晚上還要招來臣子詢問得失，有時候直到夜深才能回宮。[2]皇帝在御前召見大臣，不似朝會時需要遵循諸多禮節，臣子們往往還能坐下喝口茶吃些零

---

1 朝會監督。

2 〔宋〕李燾《續資治通鑒長編》卷四十三。

嘴，和皇帝商議國是。因此許多重大歷史事件，反而是在便殿裏發生的。

治平四年（1067）閏三月的某一天，初即位的神宗在便殿和宰執議事。起因是王安石服喪之後，一直稱病不出，神宗不知他是真病還是鬧情緒，於是拿來諮詢宰相曾公亮和參知政事吳奎。曾公亮認為王安石德才兼備，是真正的輔相之才，絕對不會故意裝病不出；參知政事吳奎評價王安石辦事不切實際，爭強好勝，如果用了必將紊亂綱紀。[1]宰執之間意見相左，皇帝不置可否，於是吳奎又重申了自己的觀點。過了不久，皇帝顯然有了定奪，還是詔命王安石知江寧府，大家本都猜測王安石這回肯定又稱病辭官，結果人家居然真赴任去了，又引來一番臣子間的嘴仗就不細說了。

《宋史》還為便殿的君臣會留下這樣一幕溫馨場景。蘇軾曾有一日在宮中留宿，被宣仁太后和哲宗召到崇政殿來面見。宣仁太后問他：「你前年做什麼官？」蘇軾答道：「常州團練副使。」宣仁太后又問：「現在做什麼官？」回答說：「翰林學士。」宣仁太后問他：「為什麼能這麼快就昇官呢？」蘇軾回答說：「那是因為碰到了太皇太后和皇帝陛下啊！」宣仁太后說：「不是。」蘇軾很詫異，再三詢問原因。宣仁太后這才說是先帝（神宗）的意思。先帝每次誦讀蘇軾的文章，都會感慨這真是個奇才啊，只不過一直沒來得及用他罷了。聽到這裏，蘇軾、宣仁太后、哲宗以及左右的人都哭作一團。哭過，命蘇軾坐下並賜茶，之後撤去皇帝面前的金蓮燭，舉燭送蘇軾回翰林院。[2]

1　〔宋〕李燾《續資治通鑒長編》卷二百零九。

2　《宋史·列傳第九十七·蘇軾》。

　　然而美景不常在。宣仁太后逝世之後，蘇軾先被貶到廣東惠州，之後又被貶到海南島去了。

　　集英殿是皇帝舉行御宴和熙寧後舉行殿試的地方。《東京夢華錄》及《夢梁錄》都曾極度詳細地描述了皇帝在此舉辦的壽宴。皇上過生日嘛，宰執、親王、宗室、百官、使臣都必須集結於集英殿，給吾皇慶壽。大隊人馬進殿之前，只聽得鳥叫聲此起彼伏，原來是集英殿山樓上皇家樂團的精彩擬聲表演，大家表示很震驚，殿內一片蕭然。一番禮節走完之後，宰執宗親和大遼、高麗、西夏的使臣們坐在正殿，其餘人等在兩廊依次序坐好。身着紫袍金帶的教坊色長 [1] 二人，在殿上欄杆邊開始看盞，斟御酒。

　　好戲這時候正式上演。壽宴全程共需斟九盞御酒，每盞御酒輔以不同的表演，包括樂器表演、歌舞表演、雜技表演、踢球表演、相撲表演⋯⋯每盞酒都要宰執喝了百官喝，宰執喝時奏慢曲子，百官喝時跳三台舞。當然了，壽宴可不能光喝不吃，從第三盞起，每盞御酒都會搭配不同的下酒菜。

　　請容我將我大宋皇上壽宴窮奢極欲的佳肴說與諸位聽：主食有米線、醋飯、蒸米飯、餡餅、肉包子；熱菜有爆炒羊肉、腌羊肉、烤鹿肉和熊肉、羊腸、羊肋骨肉；湯品有羊肚湯和肉絲湯。

　　⋯⋯⋯⋯

　　我說過宮裏的事一點都不好玩了吧？！

1　教坊司管理樂工的屬官。

清明的隱情

　　清明節是春分後的第十五天。按《歲時百問》的説法：「萬物生長此時，皆清潔而明淨。故謂之清明。」南宋陳元靚《歲時廣記》引北宋呂原明《歲時雜記》道：「清明前二日為寒食節，前後各三日，凡假七日。而民間以一百四日（冬至後第一百零四日）始禁火，謂之私寒食，又謂之大寒食。北人皆以此日掃祭先塋，經月不絕。」東京的寒食節是放在冬至後第一百零五日的，當天禁止生火，只能吃冷的食物。東京人還會在寒食節前一日蒸一種燕子形狀的餅，餅上附有紅棗。蒸好後，將餅用柳條穿起來插在門頭，叫作「子推燕」。

　　寒食節源於對春秋時期晉國介子推的紀念。相傳介子推當年跟隨晉文公重耳逃亡列國，飢寒交迫之時，曾割下大腿上的肉供重耳充飢。重耳後來終於熬出頭當上國君，大舉封賞諸臣却惟獨忘了介子推。介子推並未做任何爭取，而是悄無聲息地和母親一起隱居深山。經人提醒後，晉文公頓覺自己大錯，親自帶人去請介子推，並不惜燒山來逼他出山。介子推堅決不從，和母親一起抱着樹死去。文公心痛不已，厚葬介子推母子之餘，下令以後介子推的忌日不允許生火煮飯，只能吃冷食，是為寒食。

　　介子推為什麼如此之軸？多半是傷透了心。而對一個人的悼念是如何跨越國境和時間，變成了全國上下千年如一的儀式？這些疑問姑且不論，先説説在宋以前，清明節其實並不如寒食節重要。而

正是從宋代起，掃墓的習俗才漸漸從寒食移到了清明。寒食到清明這三天內，幾乎所有的東京人都要出城上墳。由於所有的新墳都需要在清明節之前拜掃完，全城的人抓緊時間往郊外跑，在冬至後第一百零五日，即大寒食那天人最多，各大城門口擠個水泄不通。賣紙馬[1]的店舖都會當街叫賣自家貨品，把紙做成樓閣的形狀吸引人眼球，一如既往地侵佔街道交通空間，給本來就堵塞的交通火上澆油。

皇宮的祭掃活動自然是要早一些的，早在半個月之前，宮裏就陸續安排宮中宗親人等祭拜皇陵。那些跟隨宗親祭拜的人很好辨認，都穿着官府準備的統一行頭——紫色長衫、白絹三角子、青行纏[2]。清明當日，皇城裏走出的車隊卻和之前有所不同，只見馬車均為青色車幔、銅飾車身，錦繡裝點匾額，珍珠垂下簾幔，一對宮扇遮道，兩排紗籠引導。這些車隊是專門派去奉先寺、道者院兩處拜祭諸位過世的妃嬪的。皇家把清明節留給了宮裏那些凋零的女人，作為祭掃的尾聲。

然而祭掃並不是清明的全部，東京郊外攢動的並非一派愁雲慘霧，而是將歡度佳節的情感基調貫穿始終、捨不得放過一點興趣點的東京市民們。實因清明也是民間俗成的踏青佳節，宋人才不會讓祭掃這類事主宰自己的情緒。恰逢景色清淨而明亮，春天還沒到盛時，看的就是那嫩綠的景致，豈能錯過？文人雅士才不嫌麻煩和擁擠，在郊外的花前李下選好一方綠地，擺好杯盤瓜果，竟然開始互相勸酒，暢飲唱歌起來。正如王詵在《花發沁園春》裏提到：「此際相攜宴賞，縱行樂隨處，芳樹遙岑。」現代人都不好意思説在清明

1　紙上畫神像，塗上彩色，祭祀完後焚化，以此紙為神所憑依。

2　用布從膝下纏至腳踝，謂之行纏，俗稱裹腿。

節行樂，宋人却連避諱都懶得。

柳永在《木蘭花慢》裏把清明氣氛寫得一片妖嬈，幾乎都能看到他筆下的艷女們吃吃憨笑了。「拆桐花爛漫，乍疏雨、洗清明。正艷杏燒林，緗桃繡野，芳景如屏。傾城，盡尋勝去，驟雕鞍紺幰出郊坰。風暖繁弦脆管，萬家競奏新聲。盈盈，鬥草踏青，人艷冶、遞逢迎。向路傍往往，遺簪墮珥，珠翠縱橫。歡情，對佳麗地，信金罍罄竭玉山傾。拚却明朝永日，畫堂一枕春醒。」桐花爛漫，稀稀疏疏的雨洗出一片清明。紅杏艷麗如火燒，緗桃像是繡在田野上一般，如此美景，好似畫屏。東京人傾城出動尋找盛景。被暖風吹過來的是管弦的聲響，家家戶戶爭先演奏的是最時髦的新聲。滿眼都是佳麗，滿地都是遺落的珠翠，都不好意思不加入暢飲的隊伍了。

東京女郎們像是在空中被衝散了，美滋滋地降落到京郊各處聚會點玩耍，直到天黑才紛紛回到城內。她們乘坐的轎子也有自己獨特的標誌——將柳枝和雜花作為轎頂的裝飾，四面垂下枝藤，遮住轎門，循着這樣的轎子找去，多半都能找到可以湊熱鬧的去處。待一日的喧囂散盡，隨着人群緩緩回到城裏時，只見得斜陽御柳；醉兮兮回到自家院落，却見得明月掩映，梨花嬌媚。東京城像這樣的狂歡夜，既然連祭掃都攪不散，更何況平日裏了。喜好遊玩的人怕是日日都不得閑。

這樣的場景，郊遊也好，祭掃也罷，詞裏尋得，書裏找得，畫却只得一張《清明上河圖》留到如今。北宋張擇端、明仇英和清院本三版《清明上河圖》裏，最不熱鬧的竟要屬張擇端的原創。夾帶私貨的明清版本倒是精美，却看不到北宋東京城的模樣了。於是我試圖在宋本裏尋找那些用文字描述的升平景象，却發現，這幅畫

裏既無宴賞行樂，也無珠翠縱橫，連掃墓的痕跡也只有寥寥數筆而已，讓我一顆八卦的心空蕩蕩落不了地。

歷史上關於張擇端的着墨較少，僅能從金人張著在北宋亡後五十八年的題跋裏窺得一二：「翰林張擇端，字正道，東武人也。幼讀書，遊學於京師，後習繪事，本工其界畫，尤嗜於舟車、市橋、郭徑，別成家數也。按《向氏評論圖畫記》云『《西湖爭標圖》《清明上河圖》選入神品』，藏者宜寶之。」山東諸城人張擇端為了求取功名，很小便去東京城遊學，却陰差陽錯未求得俗世的功名，而是半路出家學了繪畫，進了翰林圖畫院，成為一名以畫界畫見長的院畫畫師。這到底是他的興趣使然，還是出於無奈，史書並未給出答案。然而從他留下來的畫作裏，似乎能够瞅見一些端倪。就好比古琴裏的諸城派，風格不似廣陵派的清俊，而是蒼勁樸厚，從這種風骨的地方走出來的張擇端，多了幾分厚重。

據今人考證，根據畫中女子的盤福龍髮飾、短褙服飾以及題跋等佐證，可以判斷《清明上河圖》大致繪於徽宗朝崇寧到大觀年間（1102—1110）[1]，其時張擇端年約四十，已屆不惑，風格已逐漸穩固下來。這一時期，恰逢蔡京為了討好徽宗，提倡創作「豐、亨、豫、大」系列的文藝作品，以顯太平盛世的景象。因此張擇端才有契機耗時良久，繪得如此之巨作。可他都畫了些什麼呢？比起《金明池爭標圖》裏的一派歡騰，《清明上河圖》簡直稱得上是頹唐。（見彩圖 6-1）

《清明上河圖》輾轉數人之手，一如如今轉發微博加上自己的隻言片語一般，留下了長長一串歷任收藏者的評論。那些亡國恨還

---

1 余輝《張擇端〈清明上河圖〉卷新探》，《故宮博物院院刊》，2012 年第 5 期。

很清晰的金代遺老，全都痛心疾首。張公藥詩跋：「通衢車馬正喧闐，只是宣和第幾年。當日翰林呈畫本，升平風物正堪傳。水門東去接隋渠，井邑魚鱗比不如。老氏從來戒盈滿，故知今日變丘墟。楚柂吳檣萬里舡，橋南橋北好風煙。喚回一晌繁華夢，簫鼓樓台若個邊。」酈權的跋則寫道：「而今遺老空垂涕，猶恨宣和與政和。」張世積跋：「繁華夢斷兩橋空，唯有悠悠汴水東。」聽聽，繁華夢斷，尤恨宣和、政和，眼見畫中人物事，想起來一把全是恥辱淚。

張擇端畫了八百一十餘人，牲畜九十四頭，房屋三十多座，車二十輛，轎八頂，樹一百七十多棵，船隻二十八艘。他用四分之一的篇幅描繪了郊野，將畫面重心放在一艘快要撞上橋洞的船上（見彩圖 6-2），事無巨細地留下各類小商鋪和小市民的形象，却在進入城門後，迅速止步於城市的喧囂。他確實畫了東京，却又不全是東京。

拿樹來說吧。《東京夢華錄》裏的樹是柔媚的、有故事加配樂的。東京城遍植柳樹從宋太祖時開始，他於建隆三年（962）十月下詔「夾岸植榆柳，以固堤防」；[1] 到真宗時為盛，太常博士范應辰曾進諫種植榆樹和柳樹於河畔官道：「諸路多關係官材木，望令馬遞鋪卒夾官道植榆柳，或隨土地所宜種雜木，五七年可致茂盛。供用之外，炎暑之月亦足蔭及行人。」[2] 真宗欣然從之，於是為東京留下了滿城的楊柳，連成鬱鬱葱葱的一片，清明時節，盡是剛萌發出來的嫩綠。然而張擇端筆下的柳樹，多粗壯有力，竟無半絲我們印象裏應有的秀美。畫風採用的是北宋畫壇喜用的「清野」，墨筆佔了

1　〔明〕李濂《汴京遺迹志》。

2　〔清〕徐松《宋會輯稿·方域一》。

主導，加上些花青和淡赭，寡淡得一塌糊塗。柳樹下既沒有唱曲的美女，也沒有野餐、蹴鞠的東京雅皮，連掃墓的人都見不着蹤影。却獨獨從遠方走來了一個「滿面塵灰煙火色，兩鬢蒼蒼十指黑」，趕着驢車的賣炭翁。這便是張擇端營造的畫卷開始，也奠定了他整幅畫作的基調。(見彩圖 6-3)

其餘的呢？城樓不是真的那座城樓，橋也不是真實的虹橋，店也不是實際開的那些店。那座虛構的城門潦倒破舊，城牆幾乎都看不清楚了。城門口只得一兩個慵懶的守軍，牆上也看不到任何城防工事，連《東京夢華錄》裏提及的每百步一個的馬面都不存在，更別說射箭的城垛和城防了。(見彩圖 6-4) 這樣的守城架勢，連畫家都看得分明，不知大宋的統治者是否心中有數。如此看來，城破是必然了。因此，現在我們竭力復原宋版《清明上河圖》的喧鬧，大可不必。張擇端作畫時的心態甚至是蕭落的，有什麼值得慶賀？當年他所供事的翰林圖畫院，想必受徽宗的影響，極盡各類精美畫作之能事。可來自孔孟故里、自幼遊學京師的張擇端，眼裏不只有畫筆下的房屋的人影，更有萬里江山。可惜的是，這些憂慮，趙佶並沒有看到。趙佶並不喜歡這幅畫，他收了之後題完畫名，蓋上章，然後將此圖轉手贈給向家去了。

於是我們所認為的清明，並不是東京城的清明。東京城的清明，也不是《清明上河圖》裏的清明。你以為是蕭穆的，它偏說熱鬧；你信了熱鬧，却找來瘡痍。諸多隱情，也只是讓我順着線索寫得鬱悶不已罷了。

醉是東京逛酒樓

過了四月初八佛誕節，夏天追上春天悠閑的腳步，急忙將那些嬌嫩的花朵吹謝。於是綠意一天深過一天，氣溫也開始逐漸上升。每年的這個時候，東京城七十二家正店開始出售青梅煮酒。資深老饕孟元老推薦說，夏天的酒最好是去城南龍津橋以西的清風樓喝。夏天多颳南風，只有在清風樓才能感受到第一手的清風拂面，多少能驅散些暑意。剛剛採摘的青杏和櫻桃擺在白銀鑄就的精美果盤裏，配上清風樓清冽的店酒玉髓，清香入口、觥籌交錯之間，就是東京的夏了。

東京人離不開酒。張擇端畫筆一揮，把東京城畫成一座酒城。酒品廣告滿街都是，有小酒、新酒、稚酒……品種雖多，但並不是東京真正流行的酒品，多出自張擇端的虛構。同樣虛構的「孫家正店」樓高二層，歡門華麗，上懸喜慶裝飾，樓上高朋滿座。士卒們不見去守城操練，反而忙着運送軍酒，運酒車啊，酒保啊，滿街都是。相應地，還有醫治因酗酒帶來毛病的醫館招牌亂入眼簾，出售「治酒所傷真方集香丸」，「太醫出丸，醫腸胃病」，可見人們需要各種醫治飲酒過量帶來毛病的靈丹妙藥。（見彩圖 7-1）

不怕喝，就愛喝，酒精幾乎滲到了東京市民的血液裏。「酒之於世也……上自縉紳，下逮閭里，詩人墨客，漁夫樵婦，無一可以缺此。」[1]驅暑要喝，吃飯要喝，季節交替要喝，過節更要喝。等

1　〔宋〕朱肱《北山酒經》上卷。

到了中秋，他們又趕往各家酒店品嚐新酒了。正店門前的彩樓裝飾一新，雕有花頭的畫竿高高豎起，上面懸有寫有「醉仙」二字的錦旗。江南運來的大閘蟹已經備好了，肥肥美美地等候被送上桌供人佐酒。品酒的人幾乎踏平諸家酒店的門檻，剛到正晌午的午末時間，各家的酒便搶售一空，只得把懸掛的酒簾子放下來。

這是一個物資大量豐富的時代，也是市場寬鬆鼓勵商業發展的時代。西漢到北魏期間，高官的府邸還可以沿街開門；而到了隋唐時期，長安城內不管是官員還是平民百姓，家宅都必須建設在坊中，封閉式管理到達一個頂峰。居民區「坊里」和商業區「市」四周都建有圍牆，早晚定時關閉大門，夜間不許出入。所有的店肆都不允許對着街道開門，一經發現，一律拆毀。進入五代，坊市管理開始鬆懈，房屋侵街現象在默許狀態下發酵。及至宋代，封閉的坊市正式轉向開放的街市，居民不再被關在坊內統一管理，商業不再局限在朝廷規定的「市」內經營，而是分散在全城，大門對着街道。空間上不限制了，時間上也是如此，不管到了幾點，東京城總有商品在流通。到了仁宗年間，乾脆將坊牆和市牆拆除，坊市制正式宣告結束。

城市旺盛的生命力自此被徹底釋放出來。東京城不管是城市的平面分佈，還是時間的縱向延伸，都是停不下來的歡騰景象，反倒冷落了仁宗的大內。還好他想得比較開。某個稀鬆平常的夜晚，仁宗仍然在崇政殿處理朝政，突然聽見宮牆外傳來絲竹歌笑之聲，襯得大內寂靜得有點不合時宜。他問身邊宮女道：「是何地如此歡樂？」宮女回答：「是民間的酒樓在飲酒作樂呢。」緊接着，宮女又補一刀：「官家您聽，外面多熱鬧啊，不像我們宮裏，老是這麼冷冷落落的。」仁宗於是好心腸地安慰宮女：「你們知道嗎？正因

為我這裏冷清，他們才能如此熱鬧；如果我這裏和他們一樣熱鬧的話，他們那裏就該冷清了。」

這段讓人聽來心酸不已的對話，充分佐證了宮內生活的苦悶本質、仁宗的好皇帝軟心腸屬性和身邊宮女一以貫之的插刀高冷風格。說到這裏，忍不住無視行文結構私心插播仁宗宮內逸事兩則。烤肉篇——半夜想吃烤羊肉但用強大意念戰勝自己：「我吃一次羊事小，但吃一次就可能夜夜準備，那得殺多少羊啊！不可以！」賭博篇——和宮女賭博輸錢之後想賴賬，宮女無情吐槽：「官家太窮相，這麼輸不起啊！」仁宗義正詞嚴：「我輸的不是我自己的錢，而是大宋子民的錢！」

而那夜，我們的好皇上仁宗聽到的絲竹歌笑，多半是來自東華門外景明坊的樊樓了。

是人都想去樊樓。「梁園歌舞足風流，美酒如刀解斷愁。憶得少年多樂事，夜深燈火上樊樓。」[1] 劉屏山如是說。想當年啊，樊樓的燈火耀眼得似乎能照亮整個夜空。夜已深沉，東京城却還清醒萬分。坐在樓上的酒閣子[2]裏，和二三知己飲酒暢談，佳人在旁輕撫觱篥、獻唱新聲，沒有比這更美好的事情了。站在樊樓西樓頂層，任晚風拂動長袍的衣擺，明月高懸天邊一隅，東京城盡在腳下，連大內的真容都唾手可得。

樊樓，是東京七十二家正店之首，又名白礬樓、豐樂樓，高峰期客流可達千餘人。早在宋太祖開寶七年(974)，樊樓便已經是京城頂級繁華的場所了。那一年上元節，太祖的逍遙輦曾停留在樊樓

1　〔宋〕劉子翬《憶樊樓》。

2　即雅座。

門口。宋徽宗宣和年間，樊樓獲得允可，增修至三層樓，加上兩層磚石台基，實際高度連五層樓都不止。仁宗景祐三年 (1036) 八月，朝廷下詔規定：「天下士庶之家，屋宇非邸店、樓閣臨街市，毋得為四鋪作及鬬八。」鬬八又名藻井，即天花板上凸出為覆井形的木建築，沈括《夢溪筆談·器用》介紹道：「屋上覆橑，古人謂之『綺井』，亦曰『藻井』，又謂之『覆海』，今令文中謂之『鬬八』，吳人謂之『罳頂』，唯宮室祠觀為之。」以前專門供宮殿廟宇所用的建築形式，現在旅館和臨街的酒樓都可以採用了，可見宋朝重商之風的盛行。

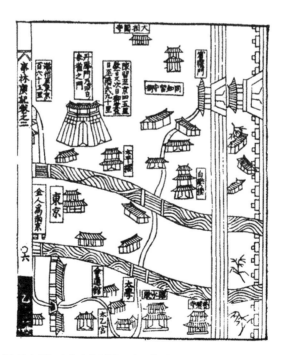

圖 7-1 《事林廣記》裏的東京插圖，畫面右側中間位置是樊樓（又稱白樊樓）

宣和四年（1122），徽宗建好艮岳後，曾令翰林王安中登樊樓眺望艮岳賦詩，詩曰：「日邊高擁瑞雲深，萬井喧闐正下臨。金碧樓台雖禁禦，煙霞巖洞却山林。巍然適構千齡運，仰止常傾四海心。此地去天真尺五，九霄歧路不容尋。」[1] 雖然不見得是離天只得「尺五」之距，可不登禁中的高樓，反而登樊樓觀山，可以揣測樊樓的高度怕是宮裏的樓閣也不能及了。

站在景明坊擁擠的街道上抬頭仰望樊樓，這尊龐然大物和周遭的低矮民宅兩相對照，更加顯出它第一流的華貴和高不可攀。樊樓可不止一座樓而已，整個建築群共由五座樓宇組成。這五座樓之間或明裏連接，或暗裏相通，通過飛橋和欄杆彼此握手相連，樓宇之間溝通無礙。穿插其中，身邊走過優雅的華服男女，宛如踏步雲端般神奇。樓裏的雅座則由珍珠串成門簾垂下掩映，精美錦繡織就的裝飾物裝點門楣。一到晚上，樊樓燈火通明，晃得人幾乎睜不開眼睛。每年上元節，店門前的每條瓦壟均會放上一盞蓮花燈，一時間如夢如幻。

樊樓自釀的店酒眉壽、和旨，光名字都起得雅緻傳神，頗為考究。眉壽，意為高壽。《詩經·豳風·七月》裏有這樣的句子：「六月食鬱及薁，七月亨葵及菽。八月剝棗，十月獲稻。為此春酒，以介眉壽。」從酒名推斷，冬天釀製此酒，春天啟用，求的是長壽安寧之意，味道大抵是綿長醇厚的。而「和旨」意為酒醇和而甘美，「酒既和旨，飲酒孔偕」。[2] 身為龍頭酒樓的樊樓，是宋廷仰仗的賦稅大戶。真宗天禧年間（1017—1021），樊樓每天向朝廷上繳的酒稅

1　〔宋〕王安中《登豐樂樓》。

2　《詩經·小雅·賓之初筵》。

就高達兩千錢。仁宗年間，樊樓每年從官府購買的酒麴有五萬斤之多，佔到全國酒麴購買量的 2.5%。樊樓經營不善之時，不只官府介懷，皇帝也親自過問。天聖五年 (1027) 八月，為了確保樊樓的稅收無虞，宋仁宗特意指示朝廷下詔，在東京數以萬計的腳店中選取三千家，每日都需去樊樓取酒沽賣。

除了樊樓的高端、大氣、上檔次，也有一些酒樓以小清新路線取勝。這些酒樓內部通常設有別致的庭院，院內廊廡掩映，竹影花香，流觴曲水，雅緻得緊。酒閣子雅座便借了這一派景致排列其中，比起高樓的炫目風格，別有一番風情。吊窗花竹點綴着雅座的窗景，簾幕低垂下，時不時還能傳來妓女的歌聲笑語。茶飯量酒博士穿梭身邊，笑容可掬，不管你是多大年歲，通通叫一聲「大伯」，服務得那叫一個妥帖。不管是哪類酒樓，桌上擺的餐具絕不能失了檔次。以城東舊宋門外的仁和店、新門裏的會仙樓為例，那裏的包間數量均有百餘間之多，所需要的設施一應俱全。只要進了酒店門，不管你身價多少，裝束如何，只要是兩個人落座，先上注碗一副，盤盞兩副，果菜楪各五片，水菜碗三五隻，光這些餐具就得耗銀百兩了。即使是獨自就餐，用的碗碟也必須是銀質的。(見彩圖 7-2、彩圖 7-3) 京師的這般奢華排場，常常嚇壞外地來京的舉子們。

至於喝的是不是名酒，端的是不是白銀，對於酒瘋子石曼卿來說並不重要，重要的是喝酒這回事。他曾與布衣好友劉潛共赴新開的王氏酒樓喝酒，兩個人只是面對面坐着，喝了一天的酒，一句話都不說。喝到夕陽西下，攜手而去，竟是一點醉意都沒有。[1] 這兩

1　《宋史・列傳第二百零一・文苑四》。

人一起，再加上張安道，從來不比喝了多少杯酒，而是喝多少天。
四十八歲那年，仁宗剛打算重用石曼卿帶兵討伐西夏，他却一病不
起。至交歐陽修悲痛不已，他說「曼卿隱於酒」，雖然「廓然有大
志」，但是「時人不能用其材，曼卿亦不屈以求合；無所放其意，
則往往從布衣野老酣嬉，淋漓顛倒而不厭。予疑所謂伏而不見者，
庶幾狎而得之」。[1]

時不容我，那就儘管醉下去。

1　〔宋〕歐陽修《石曼卿墓表》。

蘇軾的東京故事

　　宋仁宗嘉祐元年 (1056)，摩羯男蘇軾二十一歲，與弟弟蘇轍跟隨父親蘇洵一起進京參加科考。五六月間到達京師，當時恰逢京師大雨不停，父子三人寄宿在興國寺浴室。興國寺位於大內右掖門外、州橋之東北，離汴河不遠，四周被辦公機構如尚書省、開封府、御史台以及寺廟、鐘樓等環繞，與御街不過一個街區的距離，既便利又安靜肅穆。選擇在此準備考試，而不是邸舍雖集中但過於喧鬧的舊城東南角或相國寺附近，老蘇可謂用心良苦。

　　興國寺全名太平興國寺，原為唐龍興寺，周世宗顯德年間廢為興國倉，宋開寶二年 (969)，經僧人爭取恢復寺廟身份並予以重修。太平興國二年 (977) 正月，以新興國寺為太平興國寺。該寺歷史悠久，蘇軾曾憶及所住的房屋南側有一座古屋，東西壁畫上是六祖像，東側的壁畫被樓閣堂宇遮住，看不見全貌，西側壁畫上的三師，皆「神宇靖深，中空外夷」。[1] 興國寺的中軸線上依次建有天王殿、大雄寶殿、太平興國寺大塔、觀音殿、藏經閣和三四個小型墓塔。中軸線建築兩側是東西廂房，有二十多間，蘇軾一家便居住在東座第二位、老僧德香院內。

　　在當時的東京，寺廟除了是僧侶靜修之所，更兼具多種功能。如舉行皇家儀式、群臣置辦筵席、接待外國使節、舉子考試、提供

1　〔宋〕蘇軾《興國寺浴室院六祖畫贊 (並叙)》。

住宿服務等等，均為寺廟能承擔之角色。同年秋，蘇氏兄弟二人應
開封府解，便是在景德寺參加的考試。景德寺位於麗景門外以東，
上清宮之北，始建於周世宗顯德五年 (958)，名為東相國寺，後又
更名天壽寺，宋真宗景德二年 (1005) 才改名為景德寺，內有定光釋
迦舍利磚塔。

初來乍到的蘇軾對京師的奢靡之風很是看不慣，他在《寄周安
孺茶》一詩中寫道：「粵自少年時，低徊客京轂。雖非曳裾者，庇蔭
或華屋。頗見紈綺中，齒牙厭粱肉。」他在興國寺內潛心研讀《公
羊》《穀梁》《左氏》三傳，並以此為樂。蘇轍在《和子瞻宿臨安淨
土寺》中回憶道：「昔年旅東都，局促吁已厭。城西近精廬，長老時
一覘。每來獲所求，食飽山茶釅。塵埃就湯沐，垢膩脫巾幨。不知
禪味深，但取飢腸饜。京城苦煩混，物景費治染。」放榜之後，蘇
軾名列第二。

時間進入嘉祐二年 (1057)，正月裏便是省試了。蘇軾一篇《刑
賞忠厚之至論》，文風清新，無所藻飾，深得主考官歐陽修所喜，
名列第二，位居章衡之後。三月初五，仁宗在崇政殿親出考題舉行
殿試。三月十一日殿試放榜，兄弟二人同登進士第，因此得以參加
瓊林苑的進士宴席。進士及第後的蘇軾，這才拜謁歐陽修。歐陽修
對得了蘇軾這個人才喜不自勝，決意好生栽培他成為文風改革的生
力軍，同時為蘇軾引薦了韓琦和富弼。這幾位重臣對蘇軾期許很
高，均以對國之棟梁的態度來對待蘇軾，並紛紛遺憾於蘇軾不得與
范仲淹相見。這一年裏，蘇軾在東京四處拜會名士，並與曾鞏等人
交往甚密，開始蜚聲於京城文壇。十一月，蘇母程氏辭世，蘇軾
一家回鄉守喪，就此結束了第一段東京時光。雖然只有短短兩年光
景，但簡單純粹，苦讀加上考試，更不用說金榜題名之後，春風得

意馬蹄疾。

嘉祐四年 (1059) 十月，丁憂期滿，父子三人偕家眷乘船沿江而下返回京師。沿途經過三峽，走走停停，既觀賞風景又拜會友人，留下詩文共計一百篇，取名為「南行前集」。蘇軾的長子蘇邁便出生在這趟旅途中。次年正月，由江陵上岸走陸路，於二月十五日抵達東京。這次他們先是租住在西岡一所宅子裏，後又住進懷遠驛。懷遠驛是東京四大酒店之一，位於南城麗景門河南岸，也是主要接待外國使節的邸店。當時遼使住在都亭驛，夏使住都亭西驛，高麗住同文館，回鶻、于闐住禮賓院，諸番國住瞻雲館或懷遠驛等。

這段時光也給兄弟二人留下美好回憶，《蘇軾詩集》卷二十二《初秋寄子由》、卷三十三《感舊時》都談到居住在此的時光：「憶在懷遠驛，閉門秋暑中。藜羹對書史，揮汗與子同。」《曲洧舊聞》卷三談到，當時他們在這裏準備制科考試時，日享「三白」，即一撮白鹽、一根白蘿蔔、一碗白飯，覺得美味無比，不相信世間還有八珍。

蘇軾拒掉河南府福昌縣主簿 (九品) 一職，參加制科考試入仕，其實冒了一定的風險。制科是由皇帝下詔臨時設置的考試科目，旨在選擇特殊人才。仁宗年間，考制科需要有兩個大臣舉薦 (蘇軾是經歐陽修、楊畋推薦)，需要經歷三道程序：首先向兩制 (即掌內制、外制的翰林學士、知制誥、中書舍人) 呈送平時所作策、論五十篇，兩制選取詞理俱優者參加閣試；接着是祕閣試六論；最後才能參加皇帝的御試。兩宋三百多年間，制科舉行御試僅二十二次，入等者不過四十餘人。蘇軾兩次參加制科考試，並且都入三等，已經是最高成績了。[1]

1　周雲容《解讀蘇軾的兩次制科考試》，《文史雜志》2011 年第 3 期。

　　嘉祐六年（1061）七八月份的時候，兄弟兩人入住父親購置的宜秋門內南園，算是安定下來。八月十七日，就祕閣考試制科，蘇軾入三等，[1] 與進士第一，除大理寺評事（掌管刑獄，正八品），以京官的身份簽書鳳翔府判官。比起之前河南福昌縣主簿的官職，職位明顯有所提升。同年冬天，蘇軾離開京師赴鳳翔任，四年後（宋英宗治平二年，公元 1065 年）還朝，除判登聞鼓院。後參加第二次制科考試一學士院試策，又得了三等的好成績，優詔直史館（屬從六品）。宋初有史館、昭文館和集賢院三館，都在崇文院辦公。崇文院內建有祕閣，與三館統稱「館閣」。據洪邁《容齋隨筆》記載：「國朝館閣之選，皆天下英俊，然必試而後命。一經此職，遂為名流。」蘇軾在史館中得以飽讀皇家珍藏的各類典籍，得到了最好的培養，不僅仕途不可限量，自身修習也受益頗多。

　　治平二年五月，蘇軾妻王弗病逝，葬於東京西郊。治平三年（1066）四月二十五日，父親蘇洵病逝。蘇軾兄弟二人再度回到四川守制。蘇軾遵蘇洵遺命，攜王弗遺骸遷回祖墓，葬在母親程氏身邊，在墓誌銘裏寫道：「余永無所依怙！」夫妻十一載，一向天真爛漫、心無城府的蘇軾，一朝失去謹慎持重的王弗陪伴左右，竟覺得從此永遠沒有了依靠。這一段東京歲月斷斷續續近三年，其間蘇軾迎來新生命的降生，在京城有了安身立命的場所，仕途也逐漸趨於明朗。卻又接連失去生命中最重要的兩位親人，悲痛之心，可想而知。三十而立這句話對他來說，意味更為深長。治平四年（1067）正月，在位僅四年的宋英宗駕崩，二十歲的長子趙頊即位，是為宋神宗。

1　《宋史・列傳第九十七・蘇軾》：「自宋初以來，制策入三等，惟吳育與軾而已。」

　　宋神宗熙寧二年（1069）二月初，兄弟除喪之後回到東京，均在南園居住。這一年的二月初三，也是王安石官拜副相參知政事的日子，轟轟烈烈的變法自此拉開序幕，蘇軾的安寧生活開始迎來轉折。二月中，蘇軾以殿中丞、直史館授官告院，兼判尚書祠部。這是一個王安石為蘇軾安排的閑散差使，蘇軾頗覺悠閑，生活趨於慵懶。五月，蘇軾上書《議學校貢舉狀》至神宗，嚴厲抨擊王安石的取消科舉以學校代之的新政，嚴重得罪王安石。八月十四日，作為國子監舉人考試官的蘇軾又出了暗諷王安石獨斷專政的考題，兩人的關係雪上加霜。以致每次神宗想要重用蘇軾時，王安石必在其間作梗。也有另外一種說法，稱王安石起初並沒有特別排斥蘇軾，是因為呂惠卿忌憚蘇軾才華太高從而挑撥離間，這才使得王安石對蘇軾愈發厭惡。[1]

　　為了讓蘇軾俗務纏身少給自己添堵，王安石給蘇軾加了個開封府推官的差使，以為他只是個文人，不擅長處理瑣事，不料蘇軾仍然做得有聲有色。其間蘇軾仍未放棄對新法的批評，上書神宗道，「國家之所以存亡者，在道德之淺深，不在乎強與弱；歷數之所以長短者，在風俗之薄厚，不在乎富與貧」，一派儒生口吻。他反對以獲利為先和王安石的「旨在生天下之財」，不滿青苗、均輸法等，但又並未全盤否定新法。[2]就事論事，而非全盤否定，忙於站隊。此時對新黨如此，後來對舊黨也是如此。蘇軾心胸之磊落，對真理之執着，從這裏便可看得分明。

1　《邵氏聞見錄》卷十二。

2　〔宋〕邵博《宋史・列傳第九十七・蘇軾》。

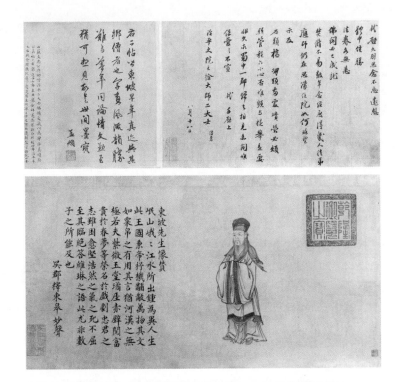

圖 8-1　蘇軾行書《治平帖》卷 熙寧年間在京師所作（卷首附蘇軾畫像）
（故宮博物院藏）

　　熙寧三年（1070），王安石升任宰相，權傾朝野。蘇軾這一年作
詞《訴衷情》：「小蓮初上琵琶弦，彈破碧雲天。」作《一斛珠》：
「自惜風流雲雨散，關山有限情無限。」一股柔媚氣，聽來心情還
不錯。與駙馬王詵開始往來密切也是從這時候開始的。王詵本是宋
朝開國功臣王全斌之後，娶了英宗二女兒魏國大長公主。王詵喜好
書畫收藏，是京城的社交名流，其宅邸西園亦是東京士大夫交遊的
中心。西園位於安遠門外永寧坊，為神宗所賜，《西園雅集圖》便

是以王詵的西園為背景畫就。蘇軾曾去王詵的宅邸做客，與他一起寫詩作賦，並為他書寫了《蓮華經》。作為回報，王詵經常送些酒食茶果給蘇軾，一次還送了全套弓箭和包指給他，可見射箭在當時也是文人雅好之一。

好一個熙寧三年，蘇軾的上書建言通常只有「不許」「不從」和「不用」三種結果。這段時間蘇轍不在身邊，蘇軾更覺孤寂。他在給朋友楊濟甫的信中叙述自己的南園，說子由不在，「無與為樂。所居廳前有小花圃，課童種菜，亦有少佳趣。傍宜秋門，皆高槐古柳，一似山居，頗便野性也」。他的詩裏開始有了譏諷之意。在祕閣值夜班時詩呈王敏甫，「共誰交臂論今古，只有閑心對此君」。京城裏多的是迎來送往，送走老朋友，迎來新朋友，倒是留下不少詩作，情緒在詩裏一覽無餘。《送蔡冠卿知饒州》：「世事徐觀真夢寐，人生不信長轗軻。」《送劉攽倅海陵》：「君不見阮嗣宗，臧否不挂口，莫誇舌在齒牙牢，是中惟可飲醇酒。讀書不用多，作詩不須工，海邊無事日日醉，夢魂不到蓬萊宮。秋風昨夜入庭樹，莼絲未老君先去。君先去，幾時回？劉郎應白髮，桃花開不開。」不高興得一塌糊塗。這兩首詩後來都有幸入選「烏台詩選」。

熙寧四年（1071），新黨在朝內漸漸得勢，舊黨勢盡。蘇軾屢次上書請求外派。七月，蘇軾正式調往杭州。熙寧九年（1076），蘇轍進京，寓居在范鎮的東園，受到已閑居的范鎮的熱情款待。多年之後，他作詩回憶當年的情景：「敝裘瘦馬不知路，獨向城西尋隱君。」范鎮是蘇軾四川同鄉，舊党精英，比蘇門兄弟大了二十多歲，與他們情誼深厚，非同一般，後來在烏台詩案中亦受牽連。范鎮在東京的宅邸有兩所，一在城南，一在城西的東園。東園富有野趣，環境優雅，經常有人來訪，飲酒作詩，互相唱和。蘇軾則是熙

寧十年 (1077) 二月才進京，此時離他寫下那首青史留名的《水調歌頭‧丙辰中秋歡飲達旦》思懷蘇轍不過一年，同時也是王安石罷相、自此永不復出的同一年。在過去的五年裏，他一路經過西湖的煙雨和密州的蒼莽，如今已是四十二歲的中年人了。此次經過東京，是在以祠部員外郎、直史館移知河中府的任上，僅是路過稍作停留而已。

蘇轍特意去距離東京城三百里外的澶州、浦州之間迎接闊別七年之久的兄長。三百里路途，步行約需五天，馬行約需一天，思念之殷，全寫在這路途迢迢中。蘇軾作《滿江紅‧懷子由作》記下這次重逢：「一樽酒，黃河側。無限事，從頭說。相看恍如昨，許多年月。衣上舊痕餘苦淚，眉間喜氣添黃色。便與君，池上覓殘春，花如雪。」從去年的「舉杯邀明月，對影成三人」，到終於可以在黃河邊「相看恍如昨」，喜悅之情溢於言表。

兩人行至陳橋驛 (東京城北四十五里) 時，蘇軾改知徐州的旨意下來了。到了陳橋門口，却被守門卒攔住不許進城，兩人只得掉頭向東，在范鎮的東園內稍作休整。[1] 蘇軾還樂天派地想，「然彭城於私計，比河中為便安耳」，[2] 殊不知此舉有可能是新黨不想讓他有機會面聖。蘇轍在《寄范丈景仁》裏回憶當時的情景：「及門却遣不得入，回顧欲去行無人。東園桃李正欲發，開門借與停車輪。青天露坐列觴豆，落花飛絮飄衣巾。」無論如何，兄弟相逢的好情緒並沒有輕易被破壞，兩人住在東園大約兩個月時間，四月一起離京，

---

1. 《蘇軾詩集》卷十五《送魯元翰少卿知衛州》題下「施之元注」：「時有旨，不許入國門，寓城外范蜀公園。」

2. 《與文與可》第三簡：「軾自密移河中，至京城外，改差徐州，復擊而東。仕宦本不擇地，然彭城於私計，比河中為便安耳。」

其間交遊作詩,為長子蘇邁操辦喜事,也不是沒有樂趣的。

二月二十日,蘇軾剛到東京,早已與他交好的駙馬王詵便遣人送了茶果酒食到東園。蘇軾應邀於三月初一在城外的四照亭與王詵飲酒,兩人帶了六七個婢女,美酒佳肴,不一而足,奔着郊外的好風景去了。其中有個俊俏小丫頭,管蘇軾要曲唱,蘇軾便寫了《洞仙歌》和《喜長春》與她。

《洞仙歌》裏這樣寫道:「細腰肢、自有入格風流。仍更是、骨體清英雅秀。」借柳樹來暗寫人,怕是哄得小姑娘紅暈霎時飛上臉去。結尾却帶了些悲感的味道:「斷腸是飛絮時,綠葉成陰,無個事、一成消瘦。又莫是東風逐君來,便吹散眉間,一點春皺。」眼前天真爛漫的可人兒,嬌嬌弱弱地站在初春早早的綠裏,飛檐翠柳,鳥叫聲促。本是一片大好春光可寫,可是蘇軾的筆頭,却還是拋不開落寞之意。空有才華與抱負,却仍是不得酬,只能在京城之外頻頻遷徙,任是再好的春色與佳人,也無法點綴半分。

蘇軾下一次來京,便是元豐二年(1079)八月十八日。御史中丞李定和御史舒亶、何正臣等摘取蘇軾《湖州謝上表》中語句和之前所作詩句言蘇軾謗訕朝政,在神宗默許下逮捕蘇軾入獄,在御史台「烏台」監獄一關便是四個月。之前蘇軾的四處奔走只是仕途不得志,「烏台詩案」之浩劫則是飛來橫禍,幾近要命。

先是七月二十八日太常博士皇甫遵拿了御史台的台牒(只不過是尋常追攝行遣,叫蘇軾進京問話),帶了兩名台卒快馬加鞭趕赴湖州,罷了蘇軾湖州的官職,勾攝蘇軾進京受審。臨行前湖州市民冒雨泣送,眼見台卒押解蘇軾登船之時,「拉一太守如驅犬雞」[1]「如

---

1 〔宋〕孔平仲《孔氏談苑》卷一《蘇軾以吟詩下吏》。

捕寇賊」[1]。八月十八日，蘇軾被關入御史台監獄的知雜南廂。蘇頌於同年九月也被逮入御史台的三院東閣，和蘇軾只有一墻之隔。[2]

出東京內城的右掖門一路南行，過汴河後不遠，緊鄰着開封府的院落便是御史台了。御史台裏養了一群神氣活現的言官，官署內遍植柏樹，引來諸多烏鴉在樹上做巢，因此人們常以「烏台」指代這裏，一語雙關，倒也十分貼切。這裏距蘇軾二十一歲初次來京趕考時居住的太平興國寺只有幾步之遙。隔了二十三年的時光，寺院依舊，人事已非。甫入獄，蘇軾便作了兩首詩交給待他友善的獄卒梁成，囑咐他轉交弟弟蘇轍。梁成拿到他的詩後藏在自己的枕中。詩裏寫道：「是處青山可埋骨，他年夜雨獨傷神。與君今世為兄弟，又結來生未了因。」輾轉交到蘇轍手中時，蘇轍以面伏案，不忍看下去。

蘇軾描述剛到獄中時，「……獄吏稍見侵，自度不能堪，死獄中，不得一別子由」。「舉動觸四壁。幽幽百尺井，仰天無一席。隔墻聞歌呼，自恨計之失。留詩不忍寫，苦淚漬紙筆。」[3] 蘇軾欲絕食求死，並藏了日常服用的青金丹，將其餘量藏在土中，準備一旦要判處死刑時，服用來自殺。但是神宗派了特使來獄中探望，使得獄卒不敢多加欺辱。蘇軾察覺到神宗並沒有要殺他的意思，這才斷了求死的念頭，堅持了下去。

從八月二十日到十一月二十日，蘇軾連連受審，被審訊者揪住歷年詩文各種上綱上線，常遭遇通宵辱罵，苦不堪言。李定、舒亶

1　《蘇軾詩集》卷三十二《杭州召還乞郡狀》。

2　〔宋〕蘇頌《蘇魏公文集》。

3　《蘇軾詩集》卷二十《今年正月十四日，與子由別於陳州，五月，子由復至齊安，以詩迎之》。

等欲置蘇軾於死地而後快。朝中搭救之士頗不乏人，不僅有蘇轍不避嫌向神宗上表陳情，仁宗皇后、王安石之弟王安禮均正言直諫。宰相吳充直言：「陛下不能容一蘇軾何也？」早已罷相隱居江寧的王安石也上書疾呼：「安有聖世而殺才士乎？」十二月二十六日，神宗最終還是沒能忍心奪蘇軾性命，僅將蘇軾貶到黃州充任團練副使以了結此案。「烏台詩案」共牽連司馬光、王詵、范鎮、蘇轍等二十九人，或貶或罰。其中駙馬王詵處罰最重，被罷免了一切官爵。

元豐三年（1080）正月初一，正是東京的大年節，開封府下令市民可以縱情關撲三天，官員和百姓家庭一大早就開始互相慶賀，大街小巷裏到處都是叫喊着賭博的人。街上立滿了出售各類貨物的彩棚，舞場和歌館喧鬧喜慶，普通百姓也都換上新衣，舉杯歡慶新年的來臨……

這一切却與蘇軾沒有任何關係。他正是在正月初一當天離開京師趕赴黃州，開始了於仕途最黯淡、於個人文學生命和心境演變却最為關鍵的一段歲月。這段歲月裏，潦倒有之，感懷有之，做出東坡肉，書下《寒食帖》，寫出《赤壁賦》。人生起落至此，還有什麼對他來說是可以執着的？之前官宦羈旅雖有不忿，但總體是有所期許，因此是大開大合的豪邁搭配些許落寞。經此大難，蘇軾後期那股真正豁達通透飄逸之風，對人生和世事的頓悟，從尚儒轉為尚道佛，真真切切乃是從黃州開始。

因此再回到京師的元豐八年（1085），他幾乎是不以物喜不以己悲，不以功名利祿為意了。神宗駕崩，哲宗繼位但未親政，親舊黨的太皇太后主持朝綱，以司馬光為首的舊黨全面反攻，受其舉薦，蘇軾與蘇轍雙雙奉召東山再起。蘇軾經由登州任上，十二月上旬返京任禮部郎中。後遷起居舍人，他對這個官職起初是不接受的，但

終未被許可。元祐元年（1086）元月，免試為中書舍人，蘇軾仍是請辭，仍未被允。後又升為翰林學士、知制誥。

京城裏的事，無非是上書議政、官員交遊、寫寫頌詩、拜會禪師，優渥是優渥的，但是否痛快透徹，不得而知。從元祐元年（1086）到四年（1089），蘇軾對新法内容盡廢持不同意見，屢屢上書。九月司馬光過世，蘇軾因為司馬光治喪的事情屢屢恥笑過度拘泥舊禮的著名學究程頤，又結下新的梁子。蘇軾開始重複熙寧年間新黨當政時自己的節奏：元祐二年（1087）請辭，不准；元祐三年（1088）請辭，不許；元祐四年（1089），終於如願再次知杭州。再往後，回京升官和出京反覆出演，元祐七年（1092）十一月，蘇軾入仕端明殿學士兼翰林侍讀學士、禮部尚書。元祐八年（1093）哲宗親政，全面恢復新法，所謂「元祐黨爭」火熱上演。九月，蘇軾離開了東京，此生再也不曾踏足此地一步。

鬧心的政治到此為止。在這裏我只想說說元祐元年，蘇軾得以與闊別七年之久的王詵再度相見。王詵身為皇親國戚，成為「烏台詩案」裏獲罪僅次於蘇軾的一位。當初，也是他第一個將御史台欲治蘇軾罪的消息緊急通報蘇轍，這個朋友當得夠意思。王詵西園裏的文人雅集，元祐年間雷打不動地進行着。元祐三年（1088），黃庭堅在西園曾水閣聽侍女昭華吹笛。李之儀曾有詩寫到西園，晚上坐在園内的池上看「松杪凌霄爛開」，一派怡然自得之意。西園之東築有寶繪堂，富麗雅緻，古代書法繪畫收藏頗豐，在京城文化圈内負有盛名。蘇軾為其所作的《寶繪堂記》云：「駙馬都尉王君晉卿雖在戚里，而其被服禮義，學問詩書，常與寒士角。平居攘去膏粱，屏遠聲色，而從事於書畫，作寶繪堂於私第之東，以蓄其所有，而求文以為記。」

　　攤開李公麟的《西園雅集圖》，看到西園內松竹茂密，小橋流水，房屋兩三處，掩映在婆娑之間，低調素樸，却不是一般的風雅卓絕。王詵、蘇軾、蘇轍、黃庭堅、秦觀、米芾、晁補之、李之儀、李公麟自己等主友十六人自得其樂，他們衣着素雅，形態安詳，或寫字吟詩，或撫琴唱和，或打坐問禪，各有各的樂趣。米芾為此圖作記，即《西園雅集圖記》。有云：「水石潺湲，風竹相吞，爐煙方裊，草木自馨。人間清曠之樂，不過如此。嗟呼！汹湧於名利之域而不知退者，豈易得此哉？」

圖 8-2　蘇軾行書《題王詵詩帖》頁，
書於元祐元年九月八日（台北故宮博物院藏）

靖康！靖康！

靖康元年（1126）丙午正月初七，金將斡離不（完顏宗望）的軍隊圍住了東京城。金兵在城外西北隅的牟駝岡安營紮寨，並於初八夜晚以數十隻大船順着汴河相繼流下，企圖從西水門打開一個缺口。臨危受命的開封府尹兼親征行營使李綱帶領兩千名死士，列佈於西水門的拐子弩城下，當金兵的大船開至城下時，用長鈎將船拉到岸邊，投石擊碎之。又於汴河中流安排杈木，將蔡京家的山石疊放於門道間作為障礙物，以此在水中又斬獲百餘人。[1] 自此防守達旦，才暫保無虞。初九，金兵攻打酸棗、衛州、陳橋諸門，其中酸棗門尤為危急。正在垂拱殿奏事的李綱得知情況，火速帶領善射的禁衛班數千人趕往酸棗門。從禁中到新城的酸棗門將近二十里路，李綱一行人行走於夾道和深巷中，唯恐金兵已經登城。到酸棗門後，只見金兵剛剛渡過護城河，正用雲梯攻城。李綱命令禁衛班射手火速登城射之，金兵應弦而倒。又募集壯士數百人從城牆上順索而下，燒雲梯，斬賊首，和金軍正面交戰，壓制住了金軍的水路進攻。金軍見攻城受挫，遣使臣入城議和。那日，是靖康元年正月初十。

時間倒退回十五年前的北宋政和元年（1111）、大遼天慶元年。歷史通常由一個橫空出世的人左右，悄悄地改變其軌跡。對北宋來

1　〔宋〕李綱《靖康傳信錄》。

説，這樣的人有兩位。

第一位名喚馬植，遼燕京人，世代為遼國大族，官至光祿卿。政和元年，徽宗以鄭允中、童貫為賀遼生辰使，出使遼國，取道盧溝橋。是夜馬植來訪，獻上奪燕大計。馬植遂跟隨使團回東京，為避人耳目，更名李良嗣。政和五年 (1115)，徽宗召見李良嗣，問他為何而來，他侃侃而談：「遼國必亡，陛下念舊民遭塗炭之苦，復中國往昔之疆，代天譴責，以治伐亂，王師一出，必壺漿來迎。萬一女真得志，先發制人，後發制於人，事不侔矣。」[1] 徽宗大悅，賜姓趙氏。攻遼之事，自此而始。

幾番互通款曲後，宣和四年 (1122)，宋金結盟攻遼，約定滅遼之後燕雲十六州可歸還北宋。但在整個戰爭過程中，宋軍成功地扮演了「豬隊友」的角色，在各地連連戰敗。金軍卻以迅雷不及掩耳之勢攻佔了遼國首都。既然兩國貢獻不一樣，回報也應有所差異，金國對弱者也懶得給什麼公平。戰後金國意料之中地反了悔，只給了宋朝六個州。待到宋軍終於踏入心心念念的燕京析津府境內時，發現留給自己的不過是一座廢墟。這場戰爭的另一個副產品，便是合作之後，銳不可當的女真人發現大宋已經搖搖欲墜，輕視之下，起了險心。

宣和五年 (1123) 六月，不甘心的宋廷收留了從金廷反水的遼將張覺，欣然笑納了他的平州，並企圖接受張覺控制的其他州。宋金的梁子就此正式結下。好戰的金國新君完顏吳乞買一接過哥哥完顏阿骨打的王位，便遣書給宋大罵宋廷收納叛將。是可忍孰不可忍！金廷遣斡離不討伐平州。宣和七年 (1125)，以平州為始，金軍

---

[1] 《宋史‧列傳第二百三十一‧趙良嗣》。

鐵騎一路南下，席捲朔州、代州、太原、薊州、燕山，劍鋒直指東京，這個四周一馬平川大平原、無任何天險可依仗的東京。趙匡胤曾顧慮的事情終究變成了現實，宋廷岌岌可危。「收回」燕雲六州後還沒有得意太久的宋徽宗趙佶企圖跑到江南去避風頭，讓太子趙桓留守，却被李綱把這個可恥的念頭扼殺在搖籃狀態。李綱本屬舊法黨，正是他力主徽宗讓位以鼓舞軍隊士氣，為此他刺傷自己的手臂，血書上奏力主全力抗金，感動得徽宗宣佈讓位於太子，也就是未來的倒霉皇帝宋欽宗。

李綱拚死守住了東京，可是靖康元年正月初十的崇政殿，斡離不的特使却趾高氣揚地站在殿上，一一道出此次進犯的緣由——誰讓你們背叛我？！李綱本欲受命前往敵營議和，被宋欽宗以戰事吃緊以及李綱性子剛烈為由，遣了李梲去談。李梲一行人毫無底線地在金營裏跪倒在斡離不面前，斡離不南向而坐，大宋的使臣們則朝北一路跪着「膝行」到他面前。金人笑曰「此一婦人女子耳」，對宋廷更加輕視。

李綱認為，若對金人予取予求，反而會使其認為宋廷沒有底氣，起輕視之心，雖能逃得一時之禍，日後埋下的隱患不得而知。嚇破了膽的宋欽宗和宰執重臣却只想着求和，對金人有求必應，不僅接受賠償割地各類條款，包括黃金八十萬兩、白銀兩千萬兩，割了太原、中山、河間三地，還派了康王趙構和宰相張邦昌為人質，宋朝天子自此要恭恭敬敬地叫金朝皇帝為伯父。

為籌措這些銀兩，宋廷花去了八九天的時間。對東京城來說，這八九天有如煉獄。乘輿服御、宗廟供具、六宮及官府器皿都未能倖免，朝廷已毫無底線，張榜索取民間的錢財，限期不交者，斬之。東京民間藏蓄為之一空。這還遠遠不够。此後朝廷更

是每日往金軍營中送去金銀、珠玉、名果、珍膳、御釀、玩好，金人胃口越來越大，更加肆無忌憚地索要妓樂、珍禽、馴象之類，宋廷靡不從之。

此時二十餘萬勤王之師已陸續到達東京城下，李綱成功說服宋欽宗起兵打擊區區六萬兵馬的金軍，定於二月初六起事。誰承想，第二個改變北宋命運的奇男子橫空出世了。

此人名喚姚平仲。他武人出身，屢立戰功，徽宗朝被童貫壓制，並不得志。李綱評價他「勇而寡謀」。正是這個急於獲得軍功的姚平仲，在尚未做好準備且未通知上司的情況下，於二月初一夜襲金營，意圖生擒斡離不，失敗後擔心上司怪罪，竟然逃掉了。這下金軍已察覺宋軍企圖，仗是沒法打了。宋欽宗為安撫金爸爸，把罪責推到主戰的李綱身上，不僅免去李綱的行營使職務，還廢掉其主持的親征行營司，命他在浴室院思過。此舉引發東京城內軍民的強烈憤慨。太學生陳東等在宣德門上書，民眾數萬人雲集在宣德門前御街廣場上支持陳東，憤而砸碎登聞鼓。宋欽宗迫於壓力，只得再次起用李綱來主持京城防禦。

這便是第一次的東京保衛戰，金兵於二月初十退師，危機看似已解，可是有這一群糊塗皇帝和臣子，李綱雖能救東京一次，卻終究無力回天。正如李綱自己所言：「當用毒藥而不用，雖暫得安，疾必再來，此必至之理也。」

在徹底毀滅之前，讓我們先短暫穿越回宣和初年的東京城吧，那時的宋徽宗趙佶還是個快活皇帝。

作為神宗的第十一個兒子，端王趙佶和其他親王風格迥異，他熱愛讀書、繪畫、筆札、古器、山石等一切有品位的事物。倘若放在現在，他大可以成立一個王子基金會，來保護文化遺存、

弘揚各類國粹，履行皇室職責。當初章惇反對他繼位，説他「浪
子爾」。可偏偏太后認定他性子敦厚，力主他接了哥哥的位來做
大宋的皇帝。歷史把他推到這個位置上，他也成功地把這件事情
搞砸了。

　　宋徽宗有一個夢想，營造一個「豐亨豫大」的國家。豐亨豫
大典出《周易》，表達一種全天下之人和悦安樂的願景。再輔以王
安石最早提出的「惟王不會」——此語典出《周官》，意為對君主
的奉養沒有上限，但王安石這麼説的前提是君主必須滿足堯舜之
治的條件，並非無條件地滿足君主的任何慾望。豐亨豫大！惟王
不會！好一個擁有理想君主、理想大臣、理想統治成效的盛世。
服務於這個願景，徽宗朝在學校及社會政策上作為的意圖不難解
釋，如在東京城內設立孤寡老人殯葬設施「漏澤園」、貧困人員
醫院「安濟坊」等社會福利機構，皆是為了創造一個普天下人人
悦豫的極盛之世。

　　首都首先是彰顯君主意圖的空間，其次才服務於世俗。王安石
變法之前的東京城趨於世俗，變法後禁軍規模縮水，留出大量空間
來滿足神聖功能。於是鑄九鼎重振禮樂，修建明堂、延福宮、艮岳
和景龍江，首都改造計劃由此轟轟烈烈地展開了。

　　政和五年(1115)，艮岳開始修建，七年後的宣和四年(1122)宣
告完工。艮岳突破了原有宮城的範圍，進而又突破了內城的城牆，
面積達到周圍十里之大，其中的萬歲山高九十步，上面常常彌漫着
人造的煙霧，有如仙境一般。徽宗篤信道教神霄派，認為自己是天
帝長子，而艮岳是天神世界在凡間的再現，他便是這個天神世界的
主人公。再造的人間仙境艮岳，按照徽宗的説法，集合了「天台、
雁蕩、鳳凰、廬阜(山)之奇偉，二川、三峽、雲夢之曠蕩，四方

之遠且异，徒各擅其一美，未若此山並包羅列，又兼勝絕」，他還專門寫了辭藻華美的《艮岳記》來細細描述艮岳的一草一木，稱其「真天造地設、神謀化力，非人力所能為者」。此言絕非自誇，宋徽宗有着一等一的藝術品位。他嫌棄哲宗朝動輒往墻宇廊柱上塗金翠毛的風格太俗氣，崇尚一種極簡、自然的風格，「楹無金瑱，壁無珠璫，階無玉砌」[1]。他愛什麼呢？他愛太湖石堆砌的幽幽巖谷，他愛池邊茂林修竹，他愛葩華紛鬱的人間夢境，他愛雲破天青處，他愛沒有彩繪、只用淺墨畫寒林禽竹的垣墉，他的品位是別樣的、高貴的，但也是昂貴的。

　　所以才有了服務於昂貴夢想的應奉制度，才有了大觀年間誕生的花石綱。精緻的太湖石便是由花石綱運來，此外還有兩浙的奇竹异花、登萊的文石、湖湘的文竹和四川的佳果异木，齊心協力地為艮岳、延福宮、上清寶籙宮們添磚加瓦。前後二十年間，江南數十郡的深山幽谷都被搜羅了個遍，只要看到任何一棵品相出眾的樹木石頭，都會用黃紙標識出來，不問誰家所有就挖走，就連平江一棵白居易親手種下的白公檜都被挖出來運到京師。

　　宣和年間，從皇城東南角十字街一直到景龍門，建成了「夾城牙道」，即在兩側築起墻壁的官道，構造與御街相同。從東華門街過景龍門直到新酸棗門，這條道路是東京城最新的第二中軸線，是徽宗的太平盛世政績表演建築群。修好後的艮岳和西邊的延福宮通過景龍門複道連接，北邊跨過內城城墻，將城北的景龍江納入園內。東到封丘門，西到天波門，城內外的園林融為一體，美輪美奐。從政和五年 (1115) 開始，景龍門和宣德門一樣，有了上元節的

1　〔宋〕王明清《揮塵錄》餘話卷一，上海：中華書局上海編輯所，1961 年。

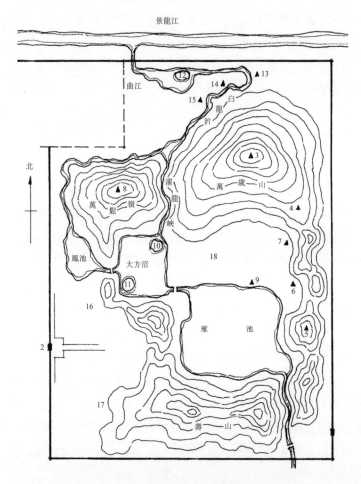

1. 上清寶籙宮　2. 華陽門　3. 介亭　4. 蕭森亭　5. 極目亭　6. 書館
7. 尊綠華堂　8. 巢雲亭　9. 絳霄樓　10. 蘆渚　11. 梅渚　12. 蓬壺
13. 消閑館　14. 漱玉軒　15. 高陽酒肆　16. 西莊　17. 藥寮　18. 射圃

圖 10-1　艮岳平面設想圖
（周維權《中國古典園林史》，清華大學出版社，2008 年）

觀燈裝飾，並且還比宣德門早一個月。上元夜前一晚，徽宗會在景龍門上設宴群臣，是為預賞。王安中曾列席景龍門上的上元宴，他描述了當時自己眼中的盛景：往東望去，是松竹蒼然的艮岳；往南望，則是雲煙燦爛的宮室；北為清江長橋，仿佛不在人間。樓下雲集了東京市民，歡聲四起。[1]

這就是豐亨豫大的景象吧。實現起來很難，但可以呈現。

世俗的東京城則闡述了另一個故事。大興土木、宮廷開支增加等帶來通貨膨脹，平民乃至官員的收入因此大幅度縮水，經商便成為他們維持生計的不二選擇。那時一般士兵的副業是發送快遞，官員的副業則是開設邸店。花石綱的壓力和賦稅增加，讓民眾痛苦不堪。外地民眾回報以一波接一波的農民起義，首都的居民則只能隱忍度日。雖然宣和年間的東京城看起來繁華如錦繡，可是普通市民的生活卻並非錦繡上添的那些花。

普通市民們和貴戚們的園林豪宅無關，他們除了忍受通貨膨脹之外，還因着皇帝的屢屢賜第而流離失所。那時候徽宗熱愛給自己的大臣和皇子們撥地修建住宅，稱為賜第。雖然一部分賜第佔用的是已經廢棄的禁軍土地，但勢必還需要拆除市民的房屋，如蔡京的西園便曾拆毀民居數百間。那些被趕出自己家園的平民因為得不到補償，只能在那些豪宅外哭泣。御史中丞翁彥國曾上書痛陳此弊：「一時驅迫，扶老攜幼，殊非盛世所宜有。」

遙想太宗年間欲拓展宮闈，結果因為遭到周圍百姓抵制而不得不作罷。太祖和太宗時代，皇帝在京城通常視察的是軍營、中央機構和水壩的修建。而宋徽宗在京城最常做的事則是坐船在景龍江

1　《初寮曲宴百韻》，〔宋〕周輝《清波雜志》卷六。

上和臣子雅緻地遊玩，或直接通過景龍江到蔡京府邸等地喝茶、彈琴、畫畫、辦雅集，去上清寶籙宮參加林靈素主持的道教儀式，其樂融融。

正是這樣的皇帝，正是這樣的朝廷，在金兵撤兵以後不忙着部署防守反擊，反而忙着清算舊賬，主戰派如李綱被一貶再貶，當初在宣德門為李綱請命的太學生們也逃不過宋廷的黑手。十月，金兵捲土重來，此次勢在滅亡北宋，東西兩路大軍輕輕鬆松在一個月後會師於東京城下。十一月二十五日的晚上，金兵縱火燒了南熏門、陳水門、固子門、萬勝門，接着又燒西水門、封丘門，共計十一座城門。閏十一月初一日，金兵攻善利門；初八日，攻宋門、陳橋門、東水門；二十五日，風雪大作，攻陳州門，這天從早到晚，舊城的所有門都被打開；二十六日，十六門全都被金軍佔領，東京城內成為一片火海，五岳陽德觀、馬草場、葆真宮接連起火，百姓被金兵和敗退的宋兵洗劫，滿城皆聞哭聲震天；二十七日，宋欽宗親上宣德門撫慰軍民。然而就在當天，明達皇后宅起火，節明皇后宅起火，孟昌齡宅起火，五岳觀起火……沿路民宅數千間陷於火海，太學被洗劫一空；二十八日，有謠傳稱金兵要洗城，百姓惶恐，在街巷間尋找藏匿之處，富人身披破衣，婦女都用灰墨來塗臉，想盡所有辦法來求生。

在金兵步步緊逼下，靖康元年（1126）十二月三十日，欽宗帶領三百人出朱雀門，親身入金軍青城寨大營投降。就是這樣了。北宋的東京夢華在內外交困下一寸寸地陷落，然後被劫掠、焚燒、踐踏。

又是一年上元來臨。靖康二年（1127）正月，東京城的新主子金人也想賞一回燈，向開封府索取。於是宮裏宮外、佛寺正店……

所有的燈品都被開封府悉數擄來，恭恭敬敬地擺在主子的軍營前。正月十四日，金軍在軍營內喜氣洋洋地挂上了各式花燈，命令東京市民上城樓觀燈。

那年的冬天格外冷，風雪不止，颳在臉上是刀刺一樣的疼。上元夜，只見那些倉皇站在城樓上的人，背後是殘破的城，面前的燈火闌珊和金人的歌舞，隔着泪眼來看，竟是一點都不願意想起曾經了。

中篇

埋在土裏的先秦都城

無邪的青銅時代

—— 甲骨文裏的商都碎片

　　三千多年以前 (公元前 14 世紀)，商朝的第二十個王盤庚先生覺得該遷都了。

　　「天命玄鳥，降而生商，宅殷土芒芒。古帝命武湯，正域彼四方。」[1] 自成湯開始，商朝才真正成為一個王朝。商朝綿延五百餘年，三十幾個王中，被後人記住的不過四個：成湯、盤庚、武丁和帝辛 (即紂王)。成湯放逐夏桀，建都於「亳」(今河南省鄭州市或偃師市附近)。盤庚在位二十八年間，最知名的事件則是將首都遷至「殷」，謂之「盤庚遷殷」。

　　遠在成湯建立商王朝前，殷商一族便有八次遷徙。成湯之後、盤庚之前又有五次遷都，被稱為「前八後五」。[2] 遷都的原因一說是因為水患，一說是出於青銅器的重要性，須循着礦石資源的蹤跡來選擇都城。[3] 到了盤庚當王的時候，商朝的首都設在奄 (今山東曲阜)。為了給遷都找個理論依據，盤庚開始頻頻召集巫師占卜。在商朝，大家都相信烏龜殼或者牛肩胛骨燒裂後留下的紋路能夠預示未來，因此養活了一大票巫師作為王和貴族的座上賓。世事太無常

1　《詩經·玄鳥》。

2　〔漢〕張衡《西京賦》。

3　張光直《中國青銅時代》，北京：生活·讀書·新知三聯書店，2013 年。

且無法把握。天何時下雨？打仗能否勝利？愛人生兒還是女？人們深知自己的渺小，畏懼上天，並且相信上天的信息一旦顯現，必昭示着未來。

《尚書‧盤庚》中記載，盤庚遷都前後，民眾對遷都這件事頗有微詞，加上貴族中有愛嚼舌根的，導致民間小道消息亂傳，怨言極多。因此盤庚多次面向不同社會群體發表了重要講話，對那些不願意搬遷的奴隸主加以訓斥和教育，對奴隸則威脅要奪掉他們的性命並不允許其後代在新都城繁衍。在《尚書‧盤庚》這三篇演講稿中，盤庚將遷都原因歸為水患，並且冠以卜兆的暗示，說遷都是上天的意旨，是恢復成湯偉業的必要條件。

然而盤庚遷都的根本原因還是王族的紛爭太亂。商朝有一種奇特的繼承制度，王位兄終弟及，即兄長死了弟弟繼位。但是在執行過程中屢屢走偏。比如太丁死後，本應由太丁弟弟外丙繼承王位，結果太甲不買賬，自立為王。類似的案例數不勝數，商朝的王位繼承脈絡根本就看不懂。據《史記‧殷本紀》記載，由於常年存在爭相代立的情況，商朝形成了九世之亂。王朝內部亂成一片，統治力量被削弱，導致出現了諸侯不肯來朝的局面。盤庚深受其害，認為只有將首都遷離現在的鬥爭圈，重新洗牌，削弱那些有可能爭奪王位的奴隸主力量，商王朝才能擺脫內亂，恢復成湯時的盛世。

在幾番苦口婆心細陳利害之後，盤庚號召民眾：「大傢伙聽我的，走吧！去追求美好幸福的新生活吧！我要把你們都遷走，在新都重新建設美麗家園！」（「往哉！生生！今予將試以汝遷，永建乃家！」）《竹書紀年》記載道：「自盤庚徙殷都，至紂之滅，七(二)百七十三年更不徙都。」殷，即現在的河南省安陽市小屯殷墟。商朝時期的殷都，面積達到 36 平方公里。洹河、黃河、淇水和漳河

環繞之下，這裏的氣候溫潤，農田肥沃，極其適合耕作。目之所
及，只見樹木蔥蘢，濕地遍野，大象、老虎、熊和犀牛在叢林間悠
然踱步，水牛在沼澤地裏歡快打滾。這裏便是盤庚為子孫後代選擇
的新家。盤庚遷殷之後，商都從此不再遷移，爭奪王位的鬥爭再未
上演，經濟社會生活一片繁榮至武丁中興。

1899 年，住在北京城的國子監祭酒、金石學家王懿榮從達仁
堂藥店購回一批中藥，其中有一味藥叫作「龍骨」。他細細觀察，
發現「龍骨」上竟刻有符號，於是敏銳地察覺到一種文明存在的信
息。1928 年 10 月，南京中央研究院歷史語言研究所的學者董作賓
揭開了安陽小屯殷墟考古挖掘的序幕。在此後的百餘年間，小屯殷
墟陸續展開考古發掘，李濟、梁思永、鄭振香⋯⋯前赴後繼趕赴
安陽，於是塵封已久的甲骨文、各類青銅器、玉器、陶器大量面
世。時至今日，考古挖掘仍在進行。隨之一起重見天日的，還有數
座宮殿的遺址和一座龐大的墓葬，這座墓的主人，是商王武丁的王
后婦好。（見彩圖 11-1、彩圖 11-2）

婦好其實並非殷都的常住人口。她是武丁的第三任妻子，夫妻
倆感情甚篤。殷墟出土的許多塊甲骨都記錄了武丁對婦好的關切。
武丁甚至連婦好牙疼都要找巫師占卜：「上天，婦好牙疼了，所為
何事？」他在國家大事上也十分仰仗婦好。婦好是我國史料上記載
的第一位女性軍事統帥，也是朝內重要的祭司，協助武丁處理祭祀
和政務。她聰穎且行事有魄力，擅長用兵，是當時率軍最多的統
帥、武丁的頭號幹將。婦好一生為國四處拓展疆土，征戰無數，甲
骨中曾多次記載武丁令婦好出征的事跡。和歷史上諸多妃嬪不同的
是，婦好有自己的封地，她平時居住在封地而不是皇宮裏，她的封
地每年向朝廷供奉的錢糧也頗為可觀。（見彩圖 11-3）

　　武丁武功赫赫，是極其有為的一代英主，其創造的「武丁中興」盛世依孟子所言，是「朝諸侯，有天下，猶運之掌」[1] 的氣魄。盤庚遷殷時首都人口不過萬人，到了武丁統治時期，首都人口已經增至七萬人左右。據《尚書·盤庚》中記載，遷都之後，盤庚首先確定民眾的住地，接着確定宗廟朝廷的方位。商代都城佈局具有一個顯著特徵，都城往往以東北為重心。殷墟如此，鄭州商城和湖北盤龍城也如此。殷墟累計挖掘出五十六處建築群遺址，最重要的宮殿區總面積達 72.5 公頃，位於東北部，全部顯示為地面建築。宮殿均為南北朝向，房屋結構是由柱礎支撐的高大木構架，屋頂採用茅草頂。柱下面墊着排在同一平面的大塊鵝卵石，可見三千年前就已經有測水平的技術了。

　　宮殿是都城的核心。宮殿之外，是普通民眾的尋常生活。他們在工作上各司其職。對於農民，武丁會派出專門的官員來組織他們農作。手工藝作坊裏，工匠們每天孜孜不倦地造出各類精美絕倫的藝術品。那時候的殷都居民均按照宗族關係而聚居。貴族住宅一般面積從 50 平方米到 150 平方米不等，一般的社會自由民住宅則多為 30 平方米左右，奴隸則只能悲慘地和牲畜們一起住在棚裏。而不管身處哪個階層，商朝人主食都是以小米為主，黍和麥也吃些，偶爾吃吃大米，但都只是將米粒用鬲或者甑蒸熟了來吃而已，並沒有複雜的工藝。在填飽肚子之餘，商朝人還愛煞了喝酒。他們將主食的一部分拿來釀酒，平民用陶做的酒器，貴族則用銅酒器來喝。不僅在世的時候離不開酒，死後更是要將酒帶到陰間，一刻都不願分離。那時候啊，殷都的君民們有事問蒼天，無事則喝酒跳舞唱歌，生

1　《孟子·公孫丑上》。

涯雖短——普遍壽命只有三十餘歲，但是簡單而沒有束縛。

　　武丁之後的商王在位時間都不是很長。傳到商朝的最後一個王帝辛——也就是我們熟知的紂王手裏，商朝已成了內外交困的爛攤子。因為王位繼承問題，貴族內部亂成一鍋粥；外面則征伐不斷，紂王也是操碎了心。《荀子·非相篇》說他「長巨姣美，天下之傑也；筋力越勁，百人之敵也」。《史記·殷本紀》也不得不承認「帝紂資辨捷疾，聞見甚敏，材力過人，手格猛獸」。

　　來自西邊的姬姓家族已經開始摩拳擦掌，悄悄將殷商的天下納入了自己的算盤。公元前 1046 年，周武王姬發在伐紂前夜徹夜未眠。甲子這天清早，冬意還沒有完全散去，周軍以兵車三百乘，精銳武士三千人，於牧野（今河南新鄉）大勝商軍，隨即便攻入別都朝歌。紂王被武王姬發親手所殺，砍下頭顱挂在旗杆之上，商朝的命數戛然而止。

　　武王伐紂，是否真是民意所向？紂王是否真如那些史書上寫的罪不可赦？司馬遷安給紂王的一連串罪名我們都耳熟能詳，諸如寵倖妲己、酒池肉林、挖比干的心、創造炮烙酷刑之類。紂王的罪惡在《尚書》中只有六點，戰國則增加了二十七事，到了西漢增加二十三事，及至東漢又增加了一事，東晉時增加了十三事。[1]

　　聽聽周武王姬發和周公姬旦自己是怎麼說的吧。縱使《尚書》是偽作，也依稀能得到一些有價值的信息。周武王於牧野決戰前說道：「今商王受惟婦言是用，昏棄厥肆祀弗答；昏棄厥遺王父母弟不迪，乃惟四方之多罪逋逃，是崇是長，是信是使，是以為大夫卿

1　顧頡剛《紂惡七十事發生的次第》，《古史辨》第二冊上編，上海：上海古籍出版社，1982 年。

士；俾暴虐於百姓，以奸宄於商邑。」[1] 周公說紂王「惟荒腆於酒，不惟自息乃逸」「庶群自酒，腥聞在上」。[2] 他們的父親周文王姬昌則說商紂「湎爾以酒」。所以說到底，商紂的主要罪行就兩條：聽信婦人言、愛喝酒。這還是排除歷史往往由勝利者書寫以及師出必須有名的因素後，勉勉強強找出來的兩條。

倘若將姬家父子三人的添油加醋再刨去幾分，紂王還能更無辜一些嗎？是的，「惟婦言是用」——武丁便尊重婦好，以她為重，這也是錯？「湎爾以酒」——商朝人人好酒。若說紂王真有錯，那便是錯在缺乏帝王的謀略，竟對早已虎視眈眈、四處拓展疆土的周人視而不見，對早有异心的哥哥微子啟視而不見。他只顧着攻打東夷而元氣大傷，以至於在牧野與周軍對抗的並不是精英部隊，面對有備而來的周軍，戰敗在所難逃。

得勝後的姬發甚至有些心虛，他向商朝遺老箕子求教治國之道。箕子徐徐道出治國的九條方針，所謂「洪範九疇」振聾發聵，天人合一，無為而治[3]。他的理念與後來一名叫作老聃的史官的想法不謀而合。可惜姬發早早逝去，周公攝政，他的野心是多角度全方位地建立一種嚴格的統治秩序，帝王至高無上的地位再也不容動搖！誠如王國維所說，「中國政治與文化之變革，莫劇於殷、周之際」。也許物質文明發展到一定程度，原來那種頗顯隨意的管理方法便難以為繼。於是再也回不到無邪又隨意的商朝了，只有那首商人懷念祖先的詩歌，孤獨地懷念着那段久遠的青銅時代。

1　《尚書·牧誓》。

2　《尚書·酒誥》。

3　《尚書·洪範》。

　　天命玄鳥，降而生商，宅殷土芒芒。古帝命武湯，正域彼四方。

　　方命厥後，奄有九有。商之先後，受命不殆，在武丁孫子。武丁孫子，武王靡不勝。

　　龍旂十乘，大糦是承。邦畿千里，維民所止。肇域彼四海。

　　四海來假，來假祁祁。景員維河，殷受命咸宜，百祿是何！

周公旦和他的理想國

　　周武王失眠了，在伐紂得勝後回到國都鎬京的當晚。鎬京在周王朝傳統駐紮的西方，周武王時將國都從一水之隔的豐京遷至此地。兩個國都各有分工，通常周武王習慣在鎬京處理朝政，在豐京祭祀先祖。史書裏並沒有過多關於豐鎬二京宮殿佈局的記載。只能依稀想像應該是一座高大空曠的殿堂，武王在微弱的燈火之下但坐不語。四周一片寂靜，也許還有鳥獸的鳴叫從不遠處聲聲傳來。夜一寸寸地深了，周公姬旦從門口走了進來，一臉關切。不過是一夜無眠，周公便能立刻知曉，可見兩人住處相隔不遠，又或者周公的思慮其實並不比武王少幾分。

　　周公問兄長：「為什麼今天睡不着覺？」武王答：「我還沒想出能讓周朝國運永昌的辦法，哪有心思睡覺？那天我站在山上向商都眺望，已經細細觀察過了，洛水、伊水地區離天室不遠，是未來定都的好地方。」[1] 於是為了鞏固周王朝在東方的統治，武王決定在洛邑設都，並馬上安排人對洛邑進行了測量和簡單營建。這便是洛邑的第一次亮相。

　　起初帝王家並不認為嫡長子是繼承王位的不二人選，直到殷商還是典型的「兄終弟及」。周文王見姬發比長子伯邑考賢能，也是

1　《史記‧周本紀第四》：「我未定天保，何暇寐！」「『自洛汭延於伊汭，居易毋固，其有夏之居。我南望三塗，北望岳鄙，顧詹有河，粵詹洛、伊，毋遠天室。』營周居於洛邑而後去。」

立姬發為太子，却跳過了賢能不下於姬發的姬旦。周公接受現實，從輔佐父親過渡到輔佐兄長，常伴左右。及至武王重病之時，他甚至以自己為人質，設立三個祭壇，自己北面而立，請求上天拿走自己性命，以保兄長無憂，即使他求助上天的説辭分明帶着一絲自傲。他説：「上天啊，我多才多藝，能事鬼神。我哥哥才能並不如我，還是取我的性命走吧！」[1] 按照古代傳説的基本走向，武王在周公代禱的第二天便恢復健康了，但這到底沒有改變他早逝的命運，同時留下一個建都洛邑的遺願等着被實現。

而這位後人安排他會解夢的，成為孔子偶像、儒家始祖的，是一切一切開始的周公姬旦，是周文王姬昌的第四個兒子。他有三位同母哥哥：伯邑考、姬發和管叔鮮，其中伯邑考早早逝去，還不幸被後人在演義裏編排了一個過於悲慘的結局；管叔鮮因不滿姬旦在武王之後代成王攝政，其實已經是事實上的稱王了，和弟弟蔡叔度、霍叔處以及紂王子武庚聯合起事，史稱「三監之亂」。這便是「周公東征」的起因。最終的結局當然是順利的，周公將自己的兄弟殺的殺，流放的流放，安撫的安撫，還順便一路向東收復了多座城池。

周公旦結束東征，是在公元前 1040 年。

此時的地球無比安靜，除了西周、印度、希臘、巴比倫、亞述和埃及等有限的國度擁有文明，剩下的是一片沉默的蒙昧。周公旦，西周的實際統治者，此時並未意識到頭頂那片遼闊星空下，仍有其他靈魂在各自燦爛。眼前的這片山河已佔據了他所有的心思。詩裏曾經這麼唱道：「既破我斧，又缺我斨。周公東征，四國是

---

[1]　《尚書·金縢》。

皇。哀我人斯，亦孔之將。」[1] 剛結束三年的苦旅，他興許是真的疲憊了。

而回到鎬京後的周公，發現雖叛亂已定，姪兒成王却已對他生了嫌隙。那時他做了些什麼，又想了些什麼？是一片苦心不被人領情的委屈，還是一貫的坦然？因為一切本在他意料之中？《尚書大傳》說周公「一年救亂，二年克殷，三年踐奄，四年建侯衛，五年營成周，六年制禮樂，七年致政成王」，翻遍稀薄甚至彼此矛盾的故紙堆，我發現自己還是很難還原周公的行為和心理。只有《尚書》裏那一篇篇苦口婆心的訓話穿透紙背：《酒誥》！《洛誥》！！《多士》！！！……他似乎在得勝回朝後便閉門不出，花了兩年的時間制禮作樂，然後在執政七年後，徹底還政於成王，自己北面而事君。

就在周成王親政那年的二月乙未，成王大舉祭祀先人，先是在鎬京朝拜武王廟，然後步行至一河之隔的豐京朝拜文王廟，洛邑的重新營建正是在此時提上日程。[2] 成王命太保召公奭先行到洛邑勘察地形。同年三月，周公親去洛邑占卜，得象大吉：「予惟乙卯，朝至於洛師。我卜河朔黎水，我乃卜澗水東，瀍水西，惟洛食；我又卜瀍水東，亦惟洛食。」[3] 於是決定以洛邑為國都，再次卜問鬼神，選定城址、繪製圖紙，並安排由殷商俘虜組成的施工隊伍緊鑼密鼓地開工修建。

洛邑建成後，周公再次占卜，並把九鼎安放在這裏，說道：

1　《詩經‧豳風‧破斧》。

2　《尚書‧召誥》：「惟二月既望，越六日乙未，王朝步自周，則至於豐。」

3　《尚書‧洛誥》。

「這裏是天下的正中央，四方來朝貢走的路途是一樣的。」[1] 九鼎的傳說，自夏開始便已有之。各國人民將當地特殊的物畫成圖像，鑄在鼎上，意為各地的通天動物都歸王朝擁有。佔有九鼎，意味着王不僅擁有各地方國的自然資源，還掌握各地的通天工具，是絕對的權力象徵。九鼎安置於此，周公對洛邑的期許可見一斑。

成王親政五年後，洛邑迎來了一場盛大的祭天儀式。「戊辰，王在洛邑烝，祭歲。」[2]1956 年陝西省寶雞縣賈村出土的「何尊」（見彩圖 12-1）銘文裏這樣叙述道：「惟王初遷宅於成周，復稟（武）王禮福自天……惟王五祀。」銘文還引用武王的話道：「余其宅茲中國，自之乂民。」「宅茲中國」是最早的關於「中國」稱謂的記載。這與《尚書‧召誥》裏所述「旦曰：『其作大邑，其自時配皇天，毖祀於上下，其自時中乂』」不謀而合，意為需要把都城建在天下正中心，這樣才有利於對民眾的統治。這是天下之中、問鼎中原的開始。最高的權勢集中於洛邑，各路諸侯從四方湧來受封。洛邑的開篇雍容大氣，背後是武王的戰略，傾注的則是周公的心血。洛邑，是為東都「成周」，原來的豐、鎬二京被稱為西都「宗周」。東西京畿相連，綿延千里，便是周王朝的國命所在。

據《逸周書‧作雒》記載，洛邑的內城牆周長一共一千七百二十丈，外城的周長為七十里，南連洛水，北靠邙山。只有擁有宗廟的城市才是名正言順的都城。洛邑的南郊設立有祭天的祭壇，中央設立大社。社壇由五色土——東青土、南赤土、西白土、北驪土、中央黃土鋪就。

1　《史記‧周本紀》：「周公復卜申視，卒營築，居九鼎焉。曰：『此天下之中，四方入貢道里均。』」

2　《尚書‧洛誥》。

立諸侯之時，鑿取諸侯國所在方位的土，用黃土包好，再放到白茅之上，作為分封的象徵。城內宮殿都是四角曲檐，牆上畫有山雲，藻井日月同輝，門上橫梁也繪有華彩。殿基上鑿出的台階被塗成黑色：正門和內門高台也都是黑色門檻。除了宗廟宮殿之外，洛邑還設有西周時期最高的官署卿事寮。周、召二公自此東西分治，周公主理東都洛邑的政務工作。

這是周王朝兩次城市建設熱潮的第一次。以洛邑為範本，各大諸侯國也轟轟烈烈地展開了國都建設運動，《考工記 · 匠人營國》約莫就是在這段時間默默總結的理論，同時加上一些對理想國的想像，在春秋時期結集成書。《考工記》原是春秋時期記載公營手工業製造工藝和規範的文獻。西漢初年，《周禮》的《冬官》篇遺失，才把《考工記》拿來充數。於是後人誤以為這是周公的大作，殊不知連《周禮》都非周公親作，更何況後補的《考工記》？

《匠人營國》雖然有過分理想化之嫌，但也可以從中粗窺到洛邑的城市規劃理念和佈局。它首先提出了王城的規劃建設制度，「方九里，旁三門，國中九經九緯，經塗九軌。左祖右社，面朝後市，市朝一夫」。不僅規定了王城的形制、規模以及城門數量，同時還明確了王朝的交通幹道網規劃。在這個規劃體系中，宮城是城市的核心。它位於城市的中心，擁有縱貫南北的中軸線，門、朝、寢、市依次分佈在這條中線上。宮城之前為外朝，後面為市，宗廟社稷對稱分佈在宮城前方的左右兩側。這便是伊始的宮、朝、市、祖、社的相對位置關係。整個城市道路網由三條南北及三條東西主幹道構成，順着城牆還有環城幹道「環塗」，與經緯幹道相連接。到了城外，則由「野塗」來溝通內外，形成棋盤加環狀放射的道路體系。

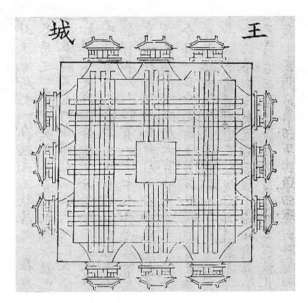

圖 12-1　周王城圖
（〔宋〕聶崇義集注《新定三禮圖》）

　　這套營國制度的核心是森嚴的等級禮制。整個城市體系劃分為
三級，按爵位尊卑區分營建體制。以王城為基準，按二依次遞減。
「王城」為最高級，用九；「諸侯城」次之，用七；「卿大夫采邑」
用五。以經緯塗的寬度為例，王城經緯寬九軌，諸侯城的經緯便只
能寬七軌了。這樣的規模控制，表面凸顯王權的至高無上，實際上
則確保了王權的控制能力。大城人口多、軍事力量強，以大制小，
才能保證周王的統治。《逸周書‧作雒》中所述「大縣立城，方王
城三之一，小縣立城，方王城九之一」佐證了這一點。西周初年，
各級城市的規模控制極嚴，凡是超出相應的規模都犯了僭越王權的
重罪。

以井田單位「夫」作為規劃用地單位，以「井」作為基本網格，再以「經緯」作為坐標，形成了一個方正的網格狀城市。這個城市以「九」為尊，規模和佈局的每個細節都寫滿了森嚴的禮制秩序，尊卑有別，不可逾越！殷人重「親親」，殷王不過是諸侯的盟長，與諸侯之間沒有明確的君臣關係。周人的「尊尊」，則將君臣關係坐實，輔以嫡長子繼承制，將宗法與政治緊密相連。一如王國維所言，「周人制度之大异於商者，一曰『立子立嫡』之制，由是而生宗法及喪服之制，並由是而有封建子弟之制，君天子臣諸侯之制；二曰廟數之制；三曰同姓不婚之制。此數者，皆周之所以綱紀天下」。[1] 這正是孔子一心嚮往的「天下有道，禮樂征伐自天子出」，也是儒家思想一統中國後每個皇帝的理想國。

周公活了多久不得而知。只知道他在臨死之前還心心念念要葬在洛邑，陪伴成王，可惜並沒能如願。他被成王安葬在豐京的文王墓地，說不敢以他為臣。

也許他們之間的嫌隙，從未消弭過。

1　王國維《殷周制度論》。

平原君，在被圍住的邯鄲城

　　趙孝成王九年（公元前 257 年），剛在長平之戰坑殺了二十萬趙軍[1]的秦軍乘勝追擊，一舉包圍了趙國首都邯鄲，形成了新一次的邯鄲之圍。

　　邯鄲在史書中初次亮相於《春秋穀梁傳》。公元前 456 年，衛獻公因故殺了大夫寧喜，寧喜的弟弟鱄逃到邯鄲，「纖絢邯鄲，終身不言衛」。「絢」意指古代縫在鞋頭上的條帶，鱄轉行從事鞋類製作，隱藏功與名，再也不談起衛國的事情了。

　　商周時期，工商業被奴隸主貴族壟斷，稱為「工商食官」。及至春秋晚期，這個制度逐漸崩潰，工商業發達的城市裏開始出現了獨立的手工業者和商人，他們不僅可以從事個體勞動和經營，還可以在國家、城市之間自由遷移。[2]

　　一個衛國的貴族逃亡到邯鄲，以手藝活維持生計，足以說明當時邯鄲工商業之發達。到了趙襄子統治趙國的第三年（公元前 455 年），邯鄲更是以「倉庫實」聞名於諸國。[3]此後史書裏的邯鄲便與戰爭難分難捨，據《左傳》記載，在公元前 497、公元前 494、公元前 492、公元前 491 各年均有戰爭發生在邯鄲，佐證了邯鄲日趨重要

1　一說四十萬。

2　侯仁之《邯鄲城址的演變和城市興衰的地理背景》，《歷史地理學的視野》，北京：生活・讀書・新知三聯書店，2009 年。

3　〔宋〕司馬光《資治通鑒・周紀一》。

的戰略地位。

春秋時期，邯鄲本屬魏國，後來又屬晉國，直到戰國初期才劃歸趙國。趙敬侯元年（公元前 386 年），因為相中邯鄲的繁華和地處交通要道的地理優勢，從中牟（今河南省湯陰縣西）遷都到邯鄲，自此之後邯鄲便一直是趙國的都城，直到為秦所滅。

邯鄲由「一宮」和「一城」組成，「宮」即遷都後新建的宮城，「城」即春秋時期便建好的邯鄲城、後來的外郭。宮城由北、西、東三個宮城連接成不規則的「品」字形，合在一起稱作「趙王城」，分佈有宮室、宗廟、社稷和官署。其中西城的中部建設有三進的高大宮殿，形成一條南北向，包括外朝、內朝、寢宮在內的中軸線。

邯鄲的「郭」稱作「大北城」，地處趙王城的東北方向，從趙王城有御道直通大北城。大北城呈不規則的長方形，東西寬 3.2 公里，南北長 4.8 公里，總面積約為 14 平方公里。大北城承擔經濟活動中心區的職能，分佈有手工業作坊、商業區以及平民和貴族的居住區。戰國時代，邯鄲是重要的冶鐵業中心之一，彼時的邯鄲人郭縱正是因為經營冶鐵業成為戰國巨富。邯鄲手工業作坊經營的產業眾多，除煉鐵之外，鑄幣、鑄銅、燒窯、製造骨器、石器的作坊應有盡有。大北城的東北部也不乏大量王室的離宮別館，當你走過宮女們梳妝照眉的梳妝樓和照眉池，還能看到趙武靈王用於檢閱軍隊和欣賞歌舞的叢台。

於是你來到大城市邯鄲，欣賞和學習邯鄲市民優雅的儀態，流連在大北城的繁華市集、樓榭連綿、園囿蔥蔥之間。直到平原君趙勝的豪宅高樓赫然出現，定睛一看，簡直羨煞人也。一貧如洗的你只剩如簧巧舌，當下決定投靠平原君門下，正好碰上平原君糾集了

圖 13-1　趙都邯鄲遺址示意圖
（董鑒泓《中國城市建設史》，中國建築工業出版社，2004 年）

所有門人商討救趙大業。幾十萬人被血洗沙場，細細追究起來還有他
的過錯，如今秦軍在城外磨刀霍霍，趙勝此刻心裏之焦灼可想而知。

　　平原君趙勝！趙武靈王之子，與魏國信陵君魏無忌、楚國春申
君黃歇、齊國孟嘗君田文共享「戰國四公子」的名頭。他可是太史
公口中的「翩翩濁世佳公子」，一生「三去相、三復位」，前後相
趙四十八年，在趙國權傾朝野。他有門客千餘人。更是豪富之家，
後宮以百數。邯鄲城裏的第一座，也是中國歷史上的第一座高樓，
便由他建造。

後人有詩寫他：「平原君，起朱樓。美人盈盈樓上居，蹣跚跛汲彼何叟，美人一笑蹣跚愁。」[1] 說的便是被平原君養在高樓的美姬引發的一起血案。某日，該美人看見樓下有個瘸腿老頭正在蹣跚打水，形態滑稽，吃吃笑之。瘸子抬頭見美人笑他，自然深受刺激。不巧他正是平原君養的一名門客。第二天他便去找平原君麻煩，振振有詞說道：「我聽說您尊重士子，因此才不遠千里而來投靠。誰料到您重美人勝過門客！要知道我腿瘸已經很凄慘了，竟然還被人笑。我什麼都不要，就要她的人頭！」

面對這個匪夷所思的要求，平原君一開始並不領情，轉身就跟人議論「這個心理扭曲的變態」，結果後來門客竟然因此流失大半。平原君無奈，為了挽回門客們的心，對美人竟當真痛下殺手。清朝人吳綯在《詠古》一詩中對此不免一歎：「公子翩翩信絕倫，擬將豪舉卻狂秦。不知賓客成何事？枉煞樓頭斬美人。」在強秦威脅之下，美人豈能不識大體取笑士子！對於平原君來說，美人殺就殺了，還有什麼比國事更重要？

大敵當前，平原君被門客一通數落，再也不能安享豪宅內的美人美酒，而是一邊疏財接濟市民，一邊培養死士隊伍出城解燃眉之急。此外，他派了使節潛入魏都大梁，去向自己的小舅子信陵君魏無忌求救。同時自己帶着毛遂等二十名門客親赴楚國，尋求合縱。信陵君向來與平原君交好，在魏王面前頻頻請命。可魏安釐王畏懼強秦，遲遲不肯發兵。信陵君不得已，在門客侯嬴[2]的幫助下，殺了領軍的晉鄙，竊取兵符，發兵救趙。毛遂則在楚國一鳴驚人，一

1　〔元〕楊維楨《平原君》。

2　前情提要：《五個男人和他們的城》——魏國首都大梁城亦即後來的北宋東京城。侯嬴曾是大梁城的夷門監，被信陵君發掘養於門下。

番慷慨陳詞，令楚考烈王不顧自己和秦國的盟約，派春申君黃歇領兵馳援。楚魏兵至，邯鄲危機終得解除。

所以你瞧，戰國四公子可不會忙着炫富、娶明星、秀文化下限。他們都是大貴族，錦衣玉食當然是一定了。可他們同時心繫國家存亡，每人身上都是滿滿的故事，養的門客比美人可要多得多，比如春申君的門客最多時達到三千餘人，位列戰國四公子首位。在這個兵荒馬亂、百家吵架的戰國時代，周王室苟延殘喘，洛邑缺少建設維護經費，早已經殘破不堪。其他的城市建設與發展，則偏離了周公最初設想的理想國路線。

西周初年，周公共立了七十一個國家。當時立國的第一件大事是興建城市，諸侯國再加上士大夫采邑，城邑總共應該能有百餘座；到了春秋時期，諸侯爭霸，更加忙着修築城池，城市數量呈幾何級數增加。按照《左傳》的記述，累計應有 466 處城池，光築城行動就累計記載了 68 次。進入戰國時期，戰事更加頻繁，城市數量進一步瘋狂增長，到了秦統一之初，城池有八九百之眾。[1] 根據趙奢所述，「今千丈之城，萬家之邑相望也」。[2] 戰國時期，各類城市已經是星羅棋佈，彼此相望。

不僅城市的數量多了，城市規模也不再遵循周禮的等級要求。當時超過 10 平方公里的城市就有秦都雍城、魯都曲阜、秦都咸陽宮城、魏都安邑、魏都大梁、齊都臨淄、楚都郢、趙都邯鄲、鄭韓故城、燕下都等不下十座。這些戰國一線城市的建制早已超過天子之城方九里的規模。其中最小的秦都雍城面積都達到了 10.5 平方

---

1 〔清〕楊守敬《嬴秦郡縣圖序》：「秦縣當八九百矣。」

2 《戰國策・齊策三》。

公里，居中的齊都臨淄為 15 平方公里，最大的燕下都約為 32 平方公里！西周初期，天子王畿和諸侯國都執行的都是「鄉遂」和「國野」制度。「鄉」指的是國都和近郊區的居民群落，「遂」是指「鄉」以外較偏遠的居民群落，也稱為「鄙」或「野」。居住在「鄉」的居民叫作國人，居住在「遂」的居民叫作「庶人」或「野人」。國人是自由民，有參政權利，亦能接受教育，同時具有服兵役和勞役的責任。庶人則必須在井田中服役，從事農業生產。進入戰國，國野的界限漸漸模糊。各類文化典籍得以傳播，「野人」也接受了鄉校的教育，脫穎而出者眾，貴族不再是唯一有發言權的人。此外另一部分「野人」還紛湧進城務工，作為「市傭」「傭保」[1] 的人，出現了野與市爭民的現象。城市中「市」的內涵得以加強，城市不再是以王侯貴族人口居多，人口結構發生了變化，城市人口日益集聚，大中城市人口佔到全國總人口的五分之一到三分之一。

　　讓我們再次回到邯鄲。春申君黃歇聯合信陵君救完邯鄲，三公子在城內把酒言歡暢談國際軍事形勢自是不用說。之後春申君順道滅了魯國，却無法再回到曾經的郢都了。二十年前（公元前 278 年），秦軍已將郢都納入囊中，楚國被迫遷都於陳縣。郢都作為楚國都城二百餘年，見證了楚國全盛時期的輝煌。

1　市傭：市肆中受雇而從事勞役的人；傭保：受雇於人，充當酒保、雜工等賤役的人。

他們眼裏的郢都

孟子說楚國的史書叫作《檮杌》，當然早就散佚了。[1] 檮杌相傳是一個兇神或者惡獸。楚人以此為史書名稱，想必覺得這個檮杌非但不可怕，反而是稀鬆平常，說不定還很可愛吉祥。中原人的史書叫《春秋》，文雅得緊。楚人却給自己的史書起個如此弔詭的名字，大家可以初步領略一下這個國度的風土人情。

那麼，楚國的首都郢都，會是一個怎樣的城市？首先讓我們問問那些去過的人。

來自天子王畿洛邑的外交家蘇秦先生接受了我們的採訪。他曾兩次造訪郢都，兩次的心情截然不同。第一次，他得以目睹郢都的繁華與楚國的強大。這裏「高堂邃宇，檻層軒些；層台累榭，臨高山些」[2]。楚國的宮殿往往修在高台之上，視野開闊，殿宇更是高大深廣。宮殿錯落有致地分佈，形成一個宏大又紛繁的建築群。殿內宮牆上繪有色彩大膽的壁畫，細腰的楚鼎端放在大殿之中。（見彩圖 14-1）蘇秦屹立在殿堂中央，注意力沒有絲毫放在這些异於中原的裝修陳設上，而是直視楚威王，痛陳利害：「楚，天下之強國也；王，天下之賢王也⋯⋯（楚）地方五千餘里，帶甲百萬，車千乘，騎萬匹，粟支十年，此霸王之資也！」[3] 為的是說服當時的世界

1　張正明《楚史》，北京：中國人民大學出版社，2010 年。

2　《楚辭・招魂》。

3　〔漢〕司馬遷《史記・蘇秦列傳》。

第一大國楚國加入對抗強秦的六國合縱。楚國已是蘇秦的最後一站，他從齊國臨淄城顛簸至此，總算努力沒有白費。自此合縱大業既成，他懷揣六國相印，風頭一時無兩。

合縱最後葬送於六國各自暗懷的鬼胎中，函谷關終究是六國大軍不可逾越的屏障。蘇秦第二次來到郢都時，面對的已不是雄才偉略的中興之主楚威王，而是心機欠缺、一派天真無邪，因此屢被張儀欺騙的楚懷王。郢都也不復當日的銳意進取，而是奢靡緩慢。貴族們各家獨大，仿佛國際上的風雲突變與自己無關，只要當一群安靜精緻的美男子，懂得些藝術鑒賞和宮斗方法就可以了。蘇秦足足在驛館等了三天才被安排進宮謁見，見到楚懷王時他不禁挖苦道：「楚國之食貴於玉，薪貴於桂，謁者難得見如鬼，王難得如天帝。今臣食玉炊桂，因鬼見帝。」[1] 損得夠可以。物是人非，不管是蘇秦還是楚王，當年那些俯拾皆是的輝煌就像郢都城牆剝落的磚土一般，不過信手拂去罷了。

按下時間的倒退鍵，我們拍拍吳王闔閭的肩膀。他搖搖頭，似乎不願想起他當年的郢都之行，成功似乎唾手可得，卻又失之交臂。那時他正意氣風發，陪他一起進入郢都的是伍子胥和孫武率領的軍隊。這是一支來者不善的隊伍，懷的是伍子胥滿門被楚平王所害的仇，安的是剛剛強大起來的吳國一舉滅楚的野心。吳軍攻破郢都的那天，自吳王以下的各將領按照尊卑順序分別住進了楚宮和令尹、司馬等官員的府邸。吳王闔閭斜眼看向這個被自己踩在腳下的城市，却忽視了楚人眼裏燃着的恨。

一夜之間，郢都看似換了主人，可吳人絕對別想待得安穩。剛

---

1 《戰國策·楚策》。

烈的楚人們因為感念楚昭王的恩德，不惜與吳國軍隊拚命，以至於
有一天晚上闔閭倉皇換了五個住處。吳軍佔領郢都十個月，久到沒
有必要的程度，却到底沒有滅掉楚國。伍子胥的昔日好友申包胥星
夜赴秦，在秦宮外長哭不止，終於帶來了秦國的援兵。在秦軍協助
和楚人的奮力拚殺下，楚昭王得以復國。回到滿目瘡痍的宮殿之時，
楚昭王悲憤不已，狠狠在銅鼎上斬斷自己的貼身佩劍，轉身離去。

　　再往前看，還有對郢都的宮殿念念不忘的魯國君主們。他們並
非因為軍事或者政治的影響和郢都發生聯繫，而是把楚宮的華麗默
默揣在腦海裏，然後回國各自懷念。這是一種多麼單純的情懷啊！
在鬧心的春秋戰國時期尤為可貴。尤其是魯襄公，他太愛靈氣逼人
的楚式建築了，以至於在自己那中規中矩的都城裏仿造了一座小型
的楚宮。公元前 542 年春，楚宮一落成，魯襄公便馬上住了進去。
可惜還來不及好好享受，就在那年夏天，魯襄公便在心愛的楚宮中
死去。

　　後來的魯昭公似乎也是楚國宮殿的忠實粉絲。楚靈王為章華台
的落成典禮給天下所有諸侯都發了請帖，其他諸侯都覺得這人太胡
鬧浮誇，紛紛不予回應，唯有魯昭公高高興興地賞臉前來。在美輪
美奐的章華台上，拘謹的魯國君主和放浪形骸的楚靈王把酒言歡不
知多少晝夜。楚國特有的地宮（設於宮殿的半地下室）無休無止地循
環奏樂，那些編鐘啊，瑟啊，磬啊的熱鬧聲響從地宮傳到大殿上，
竟是後世音響各種精密設計才能擁有的混響效果。「竽瑟狂會，搷
鳴鼓些。宮廷震驚，發《激楚》些。」小腰秀頸的楚國舞女們跳起
了《激楚》，《激楚》在楚國宮廷樂舞中的地位正如唐朝的《霓裳羽
衣曲》。舞女們梳着時髦的髮髻，脣角噙着媚而不嬌的笑，臉上的
妝容「粉白黛黑」，短眉俏麗，紅脣似染，把魯昭公和楚靈王的狂

歡夜晚跳成了江南的一場夢境。（見彩圖 14-2）

如果一直可以這樣醉生夢死該多好。

其實章華台並非修在郢都，而是在江南之夢——雲夢澤中一隅。雲夢澤位於郢都以東，東西約八百里，南北不下五百里，在這廣袤的範圍裏有山川河澤、森林耕地，鳥獸繁衍、溪流交錯。這裏是楚王室的禁地，禁止民眾在此私自開墾。楚靈王在剛殺了自己的姪兒搶到王位後不久，便下令在江南之夢建造章華台。整個工程歷時五年，在公元前 535 年正式落成。伍子胥的祖父伍舉陪楚靈王登上章華台的時候，楚國尚看不出什麼頹唐來。國力在巔峰，有足够的土地和金錢供靈王來揮霍。伍舉苦心相勸，希望能在懸崖邊緣拉住這個揮霍的國王，而楚靈王無視伍舉的勸阻，在接下來的日子裏窮奢極欲。他眼前只有這座「以土木之崇高、彤鏤為美」[1] 的章華台，這裏蚌殼鋪就的地面閃着潔白晶瑩的光，紅色的火燒磚壘成宮墙，這是楚人最愛的赤色。老臣的忠言連逆耳都消弭在十丈高台上格外强勁的風中了。

那時楚靈王時常齋戒潔鮮，以祀上帝，禮群神，躬執羽紱，起舞壇前。他似乎獨愛在章華台設宴，沾沾自喜的小心思一看即明。在中原諸侯前顯擺也就罷了，就連蠻夷狄王的使者到楚國，他都要在章華台上設宴。使者的登台之旅似乎格外漫長，不知是因為台高力窮，還是因為途中美景太過誘人，使者一共休息了三回，到章華台頂，只見靈王得意揚揚地問道：「貴國有這麼高的台嗎？」

對楚靈王來説，郢都太小，哪裏比得上美妙又廣袤的江南之夢，有配得上章華台的尺度。被楚靈王嫌棄的郢都，是楚文王苦心

<hr>

1　《國語·楚語》。

奠下的基礎。一路走來，楚人從被商人追殺，到被周人忽視，篳路藍縷，終成霸業，從周成王分封的區區五十里地經營到地方千里，從小小的村落到流光溢彩的華美之都。這是一個值得大書特書的創業故事。在故事的起初，楚國不過是一個被「中國」人嗤之以鼻地稱為「蠻夷」的邊遠小國。《春秋》偏執地叫了楚國國君多年的「楚子」，無視楚武王早就自稱為王的事實。在試圖向中原靠攏若干次未果之後，楚人索性不和中原一起玩了，改而勵精圖治，謀求自強。

和中原不同，楚人尊火神祝融為祖先，喜愛鳳的圖騰，崇尚浴火重生的美。在一鳴驚人的楚莊王之前，楚人是中原禮樂文明之外的异類。楚人篤信鬼神卜卦，一遇祭祀必鳴鼓起舞。楚人愛美，例如楚文王好獬冠，屈原好高冠奇服。楚衣色彩鮮艷，以至於墨子經過楚國時也入鄉隨俗，「衣錦而吹笙」。楚國男人崇尚蓄鬚，驍勇善戰，幾乎人人都佩帶一把寒光逼人的青銅劍。楚國女人則「豐肉微骨」「小腰秀頸」，長髮垂至腳踝，腰盈盈一握，回眸一笑，是野性挾帶着凌厲的媚。[1]（見彩圖 14-3）

其實在楚人的詞典裏，「郢」並不是首都的專門稱謂。凡是有宮殿的地方，楚人都把它叫作「郢」。因此可以同時有幾個郢的存在，僅僅以其所在地名來區別。作為首都的郢，第一個在漢水之陰，第二個在長江之陽。吳王闔閭攻破却無法佔領的郢都在漢水之陰，從昭王十一年冬開始作為首都的「栽郢」，則在長江之陽，原來的郢都被改稱為「鄢」。楚人戀舊啊，即使換了新的都城，還是固執地叫它同樣的名字。

---

1 《楚辭·大招》。

　　就讓我們還是稱栽郢為郢都吧，楚國在這裏度過了二百餘年的光陰。這個郢都面積約 16 平方公里，擁有二十萬人口，是戰國時期數一數二的大城市。郢都宮城裏既有國王居所，也有貴族府邸和宗廟。全城由「井」字形幹道連接八座城門，「十」字形幹道通往四座水門，每個城門有三個並行的門道。城正中和中南部是宮殿區，宮殿區以北是市場區，符合周禮「面朝後市」的規定。城西北、西中和西南部是居民生活區，中部和中北區分佈着紡織、冶煉等作坊、商業區遺址，可見當時的繁盛之狀。

　　把夯土建成的六七米高的城墻拋在身後，一進入城門，就可以看到郢都的道路縱橫交錯，車馬交織在一起，因此車輛剮蹭事件多有發生。走在街上的市民實在是太多了，以至於每走一步都能摩

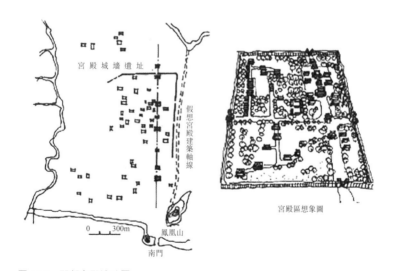

圖 14-1　郢都宮殿遺址圖
（竇建奇、王揚《楚「郢都（紀南城）」古城規劃與宮殿佈局研究》，《古建園林技術》，2009 年）

擦到彼此的肩膀。[1] 別的國家「士農工商」的排序，到楚國就調了個兒。楚人重商，郢都內商賈雲集，店肆林立，其中聞名的商肆有蒲胥之市[2]、屠羊之肆[3]、枯魚之肆[4]。郢都的市場每天都人聲鼎沸，通常早上穿着還嶄新的衣服，到了晚上回到客棧，就已經破破爛爛了，這實在是一種甜蜜的苦惱啊。

公元前 278 年，楚頃襄王二十一年。

春天是楚國最好的時光，萬物復甦，草長鶯飛，雲夢澤上霧氣繚繞，樹林裏還能看到大象在閑庭信步。楚人以為還可以繼續開開心心地唱歌跳舞談戀愛。貴族們用着絢麗的漆器，穿着最好的絲質衣服，衣衫花紋繁複，總能引領戰國時尚潮流。大冶的銅礦山則源源不斷地為郢都送來青銅原料，給工匠們最好的素材來錘煉各種藝術品。百姓們在市場上走着走着便唱起來了，唱着唱着也能跳起來——曾經有人在郢都街上開口唱歌，最初唱的是《下里》《巴人》，唱的時候竟然有數千人來唱和。而當他唱《陽阿》《薤露》時，就只有數百人唱和了。[5]

然而白起來了。郢都陷落，夷陵的王族墓地也被焚毀。「皇天之不純命兮，何百姓之震愆！……發郢都而去閭兮，怊荒忽其焉極？」屈原哀泣道。章華歌舞終蕭瑟，楚宮最後俱泯滅。屈原跳了汨羅江，心裏想着昔日郢都的龍門。如今我們聽着塤吹奏的《哀郢》，悲涼都能從腳底升起。楚人從此再無郢。

1　《太平御覽》卷七百七十六：「桓譚《新論》曰：『楚之郢都，車挂轂，民摩肩，市路相交，號為「朝衣新而暮衣弊」。』」

2　《左傳‧宣公十四年》。

3　《莊子‧讓王》。

4　《莊子‧外物》。

5　〔梁〕蕭統編，〔唐〕李善注《文選‧宋玉對楚王問》。

圖 14-2　楚國服飾紋樣
（鳳鳥紋繡衣，出自沈從文《中國服飾史》，陝西師範大學出版社，2004 年）

圖 14-3　飛廉（鹿角飛鶴）（湖北省博物館藏）

　　飛廉，是鳳的別種，楚人視其為風神，楚人認為人的靈魂若想要登天，必須有風的協助才行。《離騷》中，屈原幻想自己翱翔於天際，「前望舒使先驅兮，後飛廉使奔屬」。有月神望舒在前面照明，風神飛廉在身後助力，這樣的巡遊自是順遂，浪漫得一塌糊塗。試想那些升入天際的楚人，他們成群結隊，都有飛廉在前引路。他們不喜遊龍於海，偏愛鳳舞九天，翱翔於雲層之上。飛到哪裏去？那就跟着飛廉一起飛，總要回到那個叫郢都的家裏去。

臨淄：稷下學宮的日常

公元前 399 年，蘇格拉底受審，被判處死刑，在希臘思想最自由的城市雅典。多次暗示自己是蘇格拉底弟子的柏拉圖因此深受刺激。他後來反覆提及審判的情節，似乎是對制度失望到了極點。於是柏拉圖離開希臘，雲遊列國，相傳他在四十歲那年才回到雅典。公元前 387 年，柏拉圖在雅典城外西北角創立了自己的學校——柏拉圖學園。學園存在了九百多年，直到公元 529 年，查士丁尼大帝下令將它關閉。

柏拉圖學園大部分的學習活動在公園裏公開進行。那時的天氣想必好得不像話，人們和自然之間沒有任何遮擋，享受着至為澄澈的藍天、至為自由的空氣。柏拉圖和他的學生們就那麼坐在草地上，談論懷疑主義和幾何學，辯證法和天文。他們在探求真理，孜孜不倦，誠如柏拉圖所設想的那樣。在學園裏念了二十年書的亞里士多德說了，「吾愛吾師，吾更愛真理」。真理是什麼？柏拉圖從來不教授。

他反對講學收徒的方式，而是鼓勵思考，引導討論。真理在他們的討論中越辯越明。

公元前 386 年，在地球的另一端，也是在海邊，齊國的田和奪走了姜太公後裔的高山大海。田氏的祖先是齊桓公十四年（公元前 672 年）從陳國逃來齊國的公子陳完。

經過 286 年的漫長醞釀和經營，田氏通過爭取民心、培養軍

力、廣交諸侯、擴大封地，逐步擁有了整個齊國。公元前 386 年，田和得到了周天子的許可，正式成為齊侯，是為齊太公。

公元前 374 年，田和的兒子田午 (前 400—前 357) 殺掉自己的哥哥和姪子，自立為 (田) 齊桓公。田午弒君之後，國內局勢不穩，國外諸侯也趁火打劫、爭搶地盤。面對名不正言不順的統治和危機四伏的國際局勢，田午想出了一系列辦法來鞏固自己的統治。其中之一，便是建立一個能夠吸納各國人才的機構，取天下所有的智慧為己用，來對抗別國的威脅。

於是田午在臨淄城西南角的稷門外創立了稷下學宮。據東漢末徐幹《中論·亡國篇》記載，「齊桓公立稷下之宮，設大夫之號，招致賢人而尊崇之」。同樣起因於一場死亡，哲學家亞里士多德和野心家田午，在同一個時期，為了不同的目的，選擇了同一項事業。

臨淄城大，15.5 平方公里的面積載民「七萬戶」，按每戶五人計算，總計三十五萬人，即使按現在的標準都快是「中等城市」[1]了。臨淄有大小二城，小城在大城的西南隅，兩城銜接在一起。大城應為姜太公受封時修築的城池，小城則為戰國以後修建，似是田氏代齊後為自己修的新城。小城的西北部有一條河道，河道之南即「桓公台」，台高 14 米，基座呈橢圓形，東西長 70 米，南北長 86 米。桓公台周圍便是建在生土上的大規模高台建築群。宮廷區，包括宗廟、路寢、檀台、柏寢、夫人之宮等，尤其是齊宣王所營建的共有三百個房間的「大室」，「大蓋百畝，堂上三百戶，以齊國之大具之，三年而未能成」[2]，當也在這一片。戰國時期，台是最常見的

---

1 《國務院關於調整城市規模劃分標準的通知》(2014)：城區常住人口 50 萬以上 100 萬以下的城市為中等城市。

2 《呂氏春秋·驕恣篇》。

建築物。台多呈方形，用土來建築。台上面修有亭榭，用來登高遠
眺。將殿基修築得高大巍峨是當時的潮流，戰國七雄均「高台榭，
美宮室」「殿基高巨」。

旅行家蘇秦先生再次登場，發表了臨淄遊後感，「臨淄之中
七萬戶……其民無不吹竽鼓瑟，彈琴擊筑，鬥雞走狗，六博蹋鞠
者。臨淄之塗，車轂擊，人肩摩，連衽成帷，舉袂成幕，揮汗成
雨，家殷人足，志高氣揚」。[1] 臨淄這個城市，人多！有錢！熱鬧！
交通擁堵（到郢都時也這麼說，蘇秦可真是詞窮）！市民熱愛音樂表
演和競技體育，一個個都趾高氣揚、神氣十足。蘇秦所見的繁華之
景，多半是發生在「莊、岳之間」了。

「莊」「岳」是臨淄城最寬的兩條大道。岳寬 17 米，位於宮城
以北的大城中部，呈東西走向，道路之寬，足可在此陳師列陣。莊
寬 15 米，位於大城北部，同為東西向大道，兩條大道相距約 800
米。「莊、岳之間」則是臨淄城內最熱鬧繁華的地方，即「國市」。
國市約 500 米見方。晏子就住在國市的附近。據《左傳 · 昭公三
年》記載，齊景公好心好意地建議晏子換個居所，說他住的地方地
勢低、地方小，又離市場太近過於喧鬧。晏子義正詞嚴地謝絕道：
「君之先臣容焉，臣不足以嗣之，於臣侈矣。且小人近市，朝夕得
所求，小人之利也，敢煩里旅？」結果齊景公趁晏子出使晉國時，
把晏子的住處給換了。晏子回國後，不慌不忙拜謝完齊景公後毀掉
新房子，然後造了間和原來一模一樣的小房子來住。

值得一提的是，同樣在昭公三年，晏子還說道：「國之諸市，

1　《戰國策 · 齊策一》。

履賤踊貴，民人痛疾。」[1] 齊景公治下的齊國，賦斂嚴重，刑法甚
嚴，遭受刖刑的人太多，以至於國市里受過刖刑的人所穿的鞋子
（踊）要貴於一般的鞋子。「公棄其民而歸於陳氏。」晏子最後說，
他早已看到了田氏代齊的可能性。

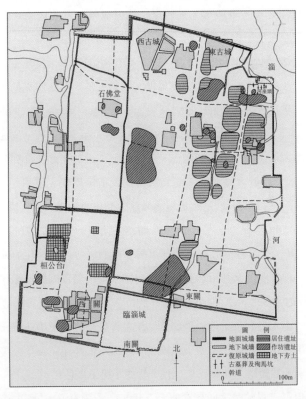

圖 15-1　齊都臨淄城復原推測平面圖（《中國大百科全書》第二版，中國大百
科出版社，2009 年）

1　〔晉〕杜預注，〔唐〕孔穎達疏《春秋左傳正義》。

　　（田）齊桓公將稷下學宮修在了自己的桓公台附近。齊威王即位後有意或無意地沉淪了一陣，接下來「不鳴則已，一鳴驚人」，他任用法家美男子鄒忌為相國，田忌為大將，孫臏為軍師，於是齊國大治。齊威王曾與魏惠王一起打獵，本來就很浮誇的魏惠王炫耀自己有「徑寸之珠」十枚，齊威王回答道：「哦，我對寶貝的看法和你有點不一樣呢。」（「寡人之所以為寶與王异。」）他所指的是自己擁有的人才，這些人才的光芒「將以照千里，豈特十二乘哉」！

　　那位修建「大室」——但後來接受香居的建議中止了這一建設行動的齊宣王，同樣也是雄才大略的齊宣王，稷下學宮正是在他的手中達到了頂峰，「宣王喜文學游說之士，自如騶衍、淳于髡、田駢、接予、慎到、環淵之徒七十六人，皆賜列第，為上大夫，不治而議論，是以齊稷下學士復盛，且數百千人」。[1]「自如淳于髡以下，皆命曰列大夫，為開第康莊之衢，高門大屋，尊寵之。覽天下賓客，言齊能致天下賢士也。」[2]

　　《爾雅》裏說「四達謂之衢，五達謂之康，六達謂之莊」。齊宣王用四通八達的康莊之道通向高門大屋的稷下學宮，給予稷下先生們尊寵的政治地位、優渥的生活條件、不治而議論的權利。於是四方士子雲集於此，竟達千人之眾。

　　很難想像吧！兩千多年前的軸心時代，地球上不僅在柏拉圖學園有智慧在發聲。在我們這個似乎無趣多年的國度，竟有如此活躍而浪漫的景象存在。那裏沒有非黑即白，那裏不會只允許有一種思想，不然設學宮何益？思想在爭辯中碰撞與融合。那時國君也會時

1　〔漢〕司馬遷《史記·田敬仲完世家》。

2　〔漢〕司馬遷《史記·孟子荀卿列傳》。

不時背着手走進稷下學宮的庭院，聽聽士子們吵架，然後擇善或綜合各種觀點，適用於國策。類似於清朝國子監學生還得跪在辟雍外聆聽萬歲爺教誨的事情，在稷下學宮絕不可能出現。

「六國之時，賢才之臣，入楚楚重，出齊齊輕，為趙趙完，畔魏魏傷。」[1]那是士階層崛起的年代，得良士等同於得到治國興邦之策。士的地位之關鍵成為列國間的共識。因此禮賢下士成為必需。當初孔子周遊列國時有如喪家之狗的淒涼已是歷史了，孟子周遊時已是「後車數十乘，從者數百人，以傳食於諸侯」[2]「先秦諸子之學，當以前此之宗教及哲學思想為其因，東周以後之社會情勢為其緣」[3]。正是因為士階層身份的變化，各國間現實的競爭，輔以幾位明主的用人策略，才有了稷下學宮的輝煌。這不是一起突發事件，而是一個緩慢積累的過程。孔子哀號的「禮崩樂壞」才是「百家爭鳴」的前奏[4]。讓我們拍手叫好吧，正是因為舊的禮制藩籬被淡忘，才能讓自由的思想得以衝出重圍。而稷下學宮，正是百家爭鳴的發生場所。它和柏拉圖學園一道，迎來一場又一場的思想盛宴。

1　〔漢〕王充《論衡·效力》。

2　《孟子·滕文公》。

3　呂思勉《先秦學術概論》，北京：中國人民大學出版社，2011 年。

4　余英時《士與中國文化》，上海：上海人民出版社，2014 年。

下 篇

只宜馬行的唐長安城

長安春風醉

長安的春天就這麼來了。

此時禁中春色尚早，梅花怯怯地開着，興許還挂着些許殘雪。
檐下的燕子試試探探地想飛出來，又究竟不太敢。再過一陣子，也
許只不過是幾天的時間，大明宮裏最常見的柳樹開始冒出嫩得惱人
的新綠，這綠意太過於青澀，以至於看起來更像是嬌柔的黃色。而
左掖的梨花亦不甘示弱，拋出片片爛漫的白，擾亂了朝臣們的眼。
在某個春風沉醉的傍晚，李白曾在宮中看到被落日餘輝染過色的片
片煙花。那時，巍峨的宮殿群以大塊利落的紅白為主色調，巨大的
斗拱雄渾舒展，仰望飛檐，看不到屋頂。（參見彩圖 16-1）低頭四
望，所幸還有嫩得讓人歡喜的花紅柳綠來柔化眼前的一切，簡單飽
滿的色彩相得益彰。就這樣被春風吹了一頭一臉，耳聞絲竹聲聲，
抬眼斜陽西垂，就連李白都忍不住醉了。他不禁徐徐吟道：「煙花
宜落日，絲管醉春風。」[1]

春天的大明宮，有無數個可以任性的理由。在太液池裏泛舟可
好？順便灌一壺裝在薩珊風格鎏金銀壺裏的葡萄酒，然後斜抱琵琶來
一曲《鬱輪袍》可好？麟德殿附近便有球場，那麼叫上一群圓圓的宮
女，打一場酣暢淋漓的馬球可好？又或是擇一清晨，沿龍尾道一路小
跑，爬上大明宮的制高點含元殿，在殿前好生舒展一下筋骨，好不

1　〔唐〕李白《雜曲歌辭·宮中行樂詞》。

好？（見彩圖 16-2）

　　坐落於龍首原的大明宮，地勢本就高於長安城。更何況含元殿台基足有 15 米高（「階上高於平地四十餘尺」），風景自是這邊獨好。含元殿位於龍首原南沿，是大明宮外朝，每逢元日、冬至在此舉行大朝會。大殿面闊十一間，合約 60 米，進深四間，合約 20 米。連同兩側副階[1]，通面闊十三間，通長約 67 米，通進深六間，28 米。大殿四阿重屋形制並採用鴟尾，採用七鋪作出四跳，雙杪雙下昂，補間鋪作採用流行的長腳人字拱，屋簷出跳達到四五米。大殿整體顏色據《含元殿賦·序》描述，乃是「惟鐵石丹素，無加飾焉」。不過是白牆配上朱紅色的木構架。殿前有三級石製台階，每級引出一排螭頭，其下是龍尾道，逶迤七轉。殿兩側分別探出翔鸞閣和栖鳳閣，殿閣之間由飛廊相連接。三者與南面約 600 米外的丹鳳門一起，圍合成一個開闊的丹鳳門廣場。每逢舉行大朝會時，所有九品以上的文武官員以及儀仗隊伍都列隊於此。大唐的遼闊氣象在此一覽無餘。

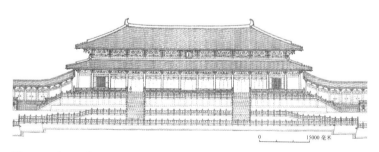

圖 16-1　含元殿復原正立面圖
（楊鴻勛《大明宮》，科學出版社，2013 年）

1　即古代殿堂建築殿身周圍的一圈外廊。宋代李誡編著的《營造法式》稱其為副
　　階周匝。

　　站在含元殿前往西南方向望去，眼前便是所有人心心念念的長安城了。

　　長安！所有壯闊浪漫夢想的總和。這裏城郭寬廣、街道正直、基址宏敞。誠如顧炎武所言，「予見天下州之為唐舊治者，其城郭必皆寬廣，街道必皆正直，廨舍之為唐舊創者，其基址必皆宏敞」。[1] 84 平方公里的城郭面積，十一條南北向大街，十四條東西向大街，一百零九個里坊有如棋盤一般，鋪陳出一個有序、恢宏、舒展的城市。此時的長安，里坊間已看見綠意點點，不由得讓人心裏癢癢，直想一步跨過丹鳳門廣場，跳到一整個春天裏去。

　　要想感受一把長安城最生猛的春天，當在三月初三去曲江。

　　「三月三日天氣新，長安水邊多麗人。」[2] 三月初三為上巳日，又稱祓禊、修禊。上巳日始於先秦，最早取三月的第一個巳日。舊時習俗，擇此春氣發生之日，人們需成群結隊去河邊沐浴，以祓除身上的不祥之氣。西漢時，長安市民通常去灞水或滻河邊沐浴。及至魏晉，上巳日固定於三月初三。但是不再以洗澡為必備動作，而是變為文人雅士專享的臨水宴飲。《蘭亭序》所述「修禊事」，正是發生於上巳之日。而文人私下裏「流觴曲水」的雅好，到了唐朝最終演變成「上巳宴賞」的制度。唐德宗貞元四年 (788) 九月，朝廷頒佈《三節賜宴賞錢詔》，規定正月晦日、三月初三、九月初九為三令節，逢此三節對文武百官「擇勝地追賞」。

　　曲水流觴，當去曲江。語句如此之通順，讓人幾乎懷疑曲江正是因為曲水流觴而得名。但其實並非如此。曲江即「曲江池」的代

1　〔明〕顧炎武《日知錄》。

2　〔唐〕杜甫《麗人行》。

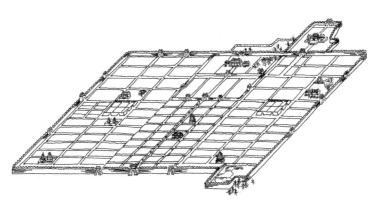

圖 16-2　唐長安城手繪軸側圖
（根據劉敦楨《中國古代建築史》之《唐長安城復原圖》改繪，作者：崔旭川）

稱，位於長安城東南隅，本就是一處天然水面，秦漢時便已是遊覽
場所。宇文愷修建隋大興城時，擴其面積到一坊之地，既能當水庫
使用，又可在此遊玩。宇文愷還在四周修建離宮別苑，供王公貴族
享用。隋文帝不愛「曲」字，改曲江池為芙蓉池，池邊園林為芙蓉
園。唐開元年間第二次開鑿曲江池，引入黃渠水使池水上漲，使得
池內水面遼闊，可以在水上泛舟。

　　上巳節的曲江，是任何一個長安人都不會錯過的地方。劉駕
《上巳日》一詩中寫道：「上巳曲江濱，喧於市朝路。」曲江池畔，
正是皇家賜宴群臣場所，由京兆尹奉命主持操辦，窮盡全城物力人
力。筵席上不僅錦繡珍玩無所不有，還叫來教坊及梨園弟子前來歌
舞助興。屆時，官員們散坐於曲江池邊的亭台樓閣上，其中宰相、
三使、北省官以及翰林學士有泛舟池上的特權。士庶之家沒有專屬
場所，便在池邊搭起各色帳篷自尋樂去。墻外的絲竹聲與歡笑聲，
一樣飄進了曲江池東側的芙蓉園內。上巳日，皇帝通常在芙蓉園內

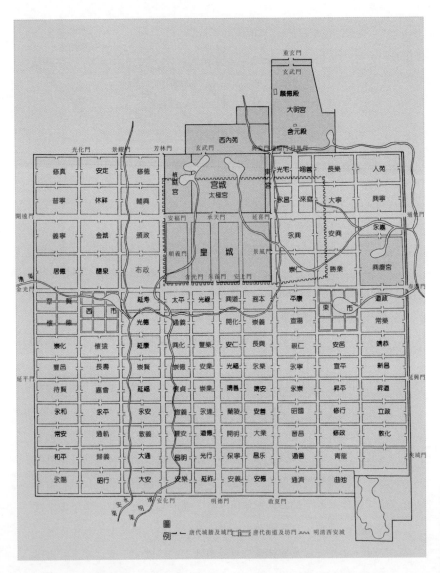

圖 16-3　唐長安城復原圖
（劉敦楨《中國古代建築史》，中國建築出版社，1984 年）

的紫雲樓設宴招待皇親國戚，同時垂簾觀看園外盛景。曲水流觴的升級版本也在這裏上演着。只見皇帝從芙蓉園中放出若干彩觴船，船上宮女載歌載舞，太監則手捧御酒，沿着池水緩緩行進，依次賜給船上和樓閣上的群臣。

上巳之後，曲江的下一個高潮屬新科進士。據《歲時廣記》記載：「清明新進士開宴，集於曲江亭。既撤饌，則移樂泛舟，又有月登閣打球之會。」《唐摭言》記載的進士宴共有大相識、次相識、小相識、聞喜、櫻桃、月燈打球、牡丹、看佛牙、關宴九種。其中關宴是壓軸大宴，通常由民間活動主辦方進士團操辦，進士們自掏腰包，於吏部關試之後在曲江舉行。

關宴當日，曲江又迎來了大規模的交通堵塞和人群聚集。進士們狂歡胡鬧自不用説，就連皇帝也極其八卦地偕妃子在紫雲樓上偷窺。高官貴戚們帶着家眷紛紛驅車趕來圍觀。他們的目的很單純，就是為了在這批進士中挑選自家的乘龍快婿。被全長安圍觀的感覺當然好得不得了，加之多年苦讀終有所成，未來一片錦繡前程，難怪列位才子要「春風得意馬蹄疾，一日看盡長安花」，簡直要飛上雲霄了。當然啦，有時也會有樂極生悲的事情發生。比如開元年間就曾發生過一次沉船事故，船上的進士、妓女和船工三十多人無一倖免。

除去曲江關宴，進士們的常規節目還有杏園探花。杏園位於曲江池西側，宴會結束後，進士們轉戰杏園。杏花被唐人視作及第花。探花十分直觀，就是「找好看的花插在頭上」。對花來説則不太妙。因為不僅進士探花，廣大市民也都不甘寂寞。杏園內的花好不容易剛開好，就不幸被採摘大半，轉移到園內憨態可掬的路人頭上，真是悲傷的故事。杜牧敏鋭地觀察到了杏園的殘象，於是説

「莫怪杏園憔悴去，滿城多少插花人」。[1]

還有雁塔題名，即在慈恩寺內大雁塔登高眺望後，用墨寫下自己的名字。不僅塔身四面都被寫滿，塔院小屋四壁也都難逃魔掌。還好當時算是墨寶，放在今日便為塗鴉。慈恩寺位於晉昌坊東半部，曲江池西北，與含元殿遙遙相對。唐高宗為紀念母親長孫皇后建造此寺，故以「慈恩」為名。全寺規模宏大，共有十三個院落，一千八百九十七間房，不僅建築華麗，園林亦引人入勝。慈恩寺南臨黃渠，水竹深邃，為京城之最。寺內有南池，水源來自曲江。南池畔種有大片竹林，意境甚是清幽，一派叢林野趣。韋應物曾在《慈恩精舍南池作》一詩中談及此地，「石發散清淺，林光動漣漪」。

慈恩寺不僅樹木蔭翳，牡丹國色更是長安一絕。據徐松《唐兩京城坊考》記載，大慈恩寺浴室院內種有的兩叢牡丹，花季能開出五六百朵花來。寺內元果院的牡丹先於全城半月開，而太真院內牡丹則晚於全城半月開。遍植牡丹的大慈恩寺，除了要迎接來此題名的進士們，還要應對大批賞花狂人。長安人愛慘了牡丹，對他們來說，春天不去賞牡丹簡直是羞恥。於是每逢三月十五日前後約二十日的牡丹花季，長安城的車馬猶如發了瘋一樣地湧向各大牡丹勝地，「花開花落二十日，一城之人皆若狂」[2]。據說，長安城的第一棵牡丹係武則天由西河（今山西省汾陽市）眾香寺帶回來，種在上苑之內，自此長安開始了對牡丹長情的追捧。[3]興善寺有一棵牡丹，唐元和年間，曾一次開了兩千一百朵花，花色有正暈、倒暈、淺紅、深

1　〔唐〕杜牧《杏園》。

2　〔唐〕白居易《新樂府‧牡丹芳》。

3　〔唐〕舒元輿《牡丹賦》序，《全唐文》卷七百二十七。

紫、黃、白檀等，獨獨沒有深紅。[1] 牡丹花開富貴，香氣逼人，沉甸甸的一大朵花，開得大開大合毫不忸怩，除了盛唐，誰也招架不住這麼濃烈的花語。

　　所以站在含元殿前的你，不要幻想在長安看見小清新的春日氣息了。趕緊換上浮誇的心態向曲江飛奔而去吧，別忘了在頭上插朵宮內的杏花。

1　〔唐〕段成式《酉陽雜俎》。

二十七歲的宇文愷和他的龍首原

從長安城的最開始説起吧，聊聊宇文愷這個人。

宇文愷，字安樂，鮮卑人。公元 555 年出生，612 年去世，活了五十七年。他是大貴族、北周宗親——三歲賜爵雙泉伯，七歲進封安平郡公，邑二千戶。宇文愷出身武將世家，父親宇文貴乃北周大將。宇文貴年少時跟隨老師讀書，曾放下書歎道：「男兒當提劍汗馬以取公侯，何能如先生為博士也！」宇文愷的哥哥宇文忻也是一員猛將，他的傳記排在《隋書》諸臣傳的第四位，甚至位列高熲之前，足見其地位之高。宇文忻是隋文帝楊堅稱帝前的密友，《隋書》裏這樣記載他與楊堅的交情：「高祖龍潛時，與忻情好甚協，及為丞相，恩顧彌隆。……自是以後，每參帷幄，出入臥內，禪代之際，忻有力焉。後拜右領軍大將軍，恩顧彌重。」宇文忻曾説：「帝王豈有常乎？相扶即是。」正因為背離自己的宗族、協助楊堅奪權有功，以至於後來楊堅大舉屠殺宇文皇族時，宇文愷得以因為兄長的這層關係而逃過一劫。

宇文愷從小就不喜舞刀弄劍，獨愛待在書房裏，「博覽書記，解屬文，多伎藝，號為名父公子」。[1] 他走上了與父兄迥异的政治道路，兢兢業業做了一輩子技術官員。北周大象二年（580），楊堅任北周宰相後，年僅二十五歲的宇文愷便已被任命為上開府、匠師中

1　《隋書·宇文愷傳》。

大夫，負責「城郭、宮室之制及諸器物度量」。[1]足見他當時已有獨當一面的能力。進入新朝後，宇文愷先是擔任營宗廟副監、太子左庶子。隋開皇二年（582），隋文帝楊堅決定捨棄漢長安故城另造新都，並於當年六月二十三日頒佈營建新都詔書，以宇文愷「有妙思」，任命他為營新都副監，負責營造新都「大興」。當時高熲雖然是營新都大監，但只負責營建制度和建設計劃的制定，至於都城的具體規劃佈局，都是出自宇文愷的手筆。

那年宇文愷不過二十七歲而已。

在古代，規劃新都並沒有成形的規劃理論供參考，規劃者更別提接受完整的建築和城市規劃教育。《周禮·考工記》短短的篇章並不夠，《管子·乘馬篇》的思想可用，也僅有一段話而已——「凡立國都，非於大山之下，必於廣川之上」。那麼，如何從理念變成藍圖，又怎樣從藍圖上變出一個恢宏的新都呢？

二十七歲的宇文愷走上了龍首原。

漢長安城與唐長安城其實相去不遠。漢長安城郭坐南朝北，渭河從城北流過，東南側則是龍首原。長樂宮和未央宮位於最南端，幾乎佔去了城市的大半面積，兩者中間用武器庫隔開。長樂宮本是秦始皇留下的興樂宮，劉邦改造一下就自己用了。未央宮的建造則與長樂宮整修同時進行，由蕭何負責營建。當劉邦因為未央宮規模太大而假惺惺地發怒時，蕭何以「天子以四海為家，非壯麗無以重威」[2]來規勸，讓劉邦覺得妥帖無比。漢長安城十二座城門，八街九陌，宮殿居南，宗廟位於西北，百姓多居於城外的郭中，中軸線則完全不存在，和《考工記》的營建思想基本是關係不大了。

1　《唐六典》卷二十三「將作都水監」。

2　《史記·高祖本紀》。

　　隋文帝面對的漢長安城經過多年戰亂，早已與廢墟無二。城市與宮殿規模狹小，不能滿足大一統王朝的需要。不斷南移的渭水更是潛在的危險，經過八百年歲月而鹹鹵不能飲用的地下水源亦不容忽視。因此，將新都選在漢長安城東北方向的龍首原下，一能繼續利用長安城的有利位置，二能避開漢長安城的不利因素。（見彩圖 17-1）

　　營新都詔書裏這樣描述未來的都城所在地龍首原，說那裏：「川原秀麗，卉物滋阜，卜食相土，宜建都邑，定鼎之基永固，無窮之業在斯。」[1] 龍首原海拔 400 多米，新都城址選在它的南麓。那一天，宇文愷登上了龍首原，往南看去，正是盛夏時節，一片秀麗原野鋪陳在他眼前。

　　《呂氏春秋・貴因》（卷十五）說：「夫審天者，察列星而知四時，因也；推曆者，視月行而知晦朔，因也。」在農耕社會，觀象授時與農業耕作的收成息息相關。古人通過觀察星象來確定時節，進而依時節確定何時播種、何時耕作、何時收穫。必須仰觀天象以知地上情勢，因此形成的敬天信仰不管朝代如何更迭，一直未曾缺席。從觀象師天官，發展到陰陽家、堪輿師，古人把宇宙看作一個整體來籌謀，所謂天人合一，便是如此。誠如《淮南子》（卷二十）所說：「仰取象於天，俯取度於地，中取法於人。」又如《周易》，便是從解讀天象運行規律出發，判斷人事奧祕。《周易正義・乾卦》：「九五：飛龍在天，利見大人。」「言九五陽氣盛至於天，故云『飛龍在天』。此自然之象，猶若聖人有龍德，飛騰而居天位，德備天下，為萬物所瞻睹，故天下利見此居王位之大人。」九五因此成為帝王之尊的代稱。

1　《隋書・帝紀第一》。

　　站在龍首原上的宇文愷，也許是看到了六條東西走向橫向分佈的高坡，他想起了《周易》。

　　大興城地勢東南較高，西北較低，高差 30 多米。宇文愷將這六條高坡比作乾卦六爻。根據乾卦的解釋，以九二——「見龍在田，利見大人」，九三——「君子終日乾乾」，九五——「飛龍在天，利見大人」這三爻最為重要。因此在九二處置宮室，以當帝之居；九三處置百司，以應君子之數；九五乃貴地，不能給尋常人居住，因此設置玄都觀、大興善寺以鎮之。[1] 國都作為天子在地上的首都，其規劃必須反映天上的奧祕，彰顯帝王統治的正統和權威。

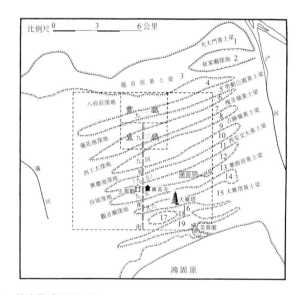

圖 17-1　隋大興城六爻地形
李令福《隋大興城的興建及其對原隰地形的利用》，《陝西師範大學學報》（哲學社會科學版）2004 年第 1 期

1　〔宋〕王溥《唐會要》卷五十。

宇文愷將地勢與天象巧妙地結合起來，他規劃的分明是天上才
能有的都城，既有哲學又不失浪漫——當年主持建造漢長安城的
陽城延乃是軍匠出身，做事但求穩妥務實，漢長安城即是立足現有
宮室、結合地形來規劃建造。

因此便有了宮城與皇城。九二位的宮城為太極宮，與九三位的
皇城一起，落在以楊興村定位的中軸線上。以太極宮為模數單位，
皇城加宮城，以及外郭城的面積分別是太極宮的五倍和九倍，應了
九五至尊的意象。皇城南面有三門，中間的朱雀門一直往南則是響
噹噹的朱雀大街。皇城內左宗廟，右社稷，各大中央辦公機構集中
分佈。隨後根據外郭城西南角和東南角的地勢特點，將高的東南角
鑿池轉變成了造福後世的秀美曲江，又在低的西南角立木浮屠以補
足地形缺陷，同時亦能豐富城市景觀層次。宇文愷的營造理念，上
承天象，下顧地勢，前顧文化，後有巧思。他一揮手，即是一個恢
宏的理想都城。在營建安排上，亦是清醒有序，規劃好框架後，聽
民做室。大興城的整體營建順序，是先築宮城，次築皇城，次築外
郭城，從北往南依次展開。外郭城內的坊里則同時分給百姓，由他
們自行建築。整個營建過程只花了九個月就基本結束。隋開皇三年
（583）三月十八日，隋文帝身着常服走入新都，標誌着隋朝正式遷
都大興。

宇文愷就這樣漂亮地完成了自己都城規劃的首秀。此後他一
路順風順水，先是疏通渭水，官拜萊州刺史，政績也不錯。誰料政
治總是比技術複雜多變得多。兄長宇文忻曾保他一條命，却也是因
宇文忻謀反被誅，宇文愷被朝廷除名，只得賦閑在家。直到朝廷因
為魯班故道的修復工程又喚他主持，他才恢復仕途。再往後，宇文

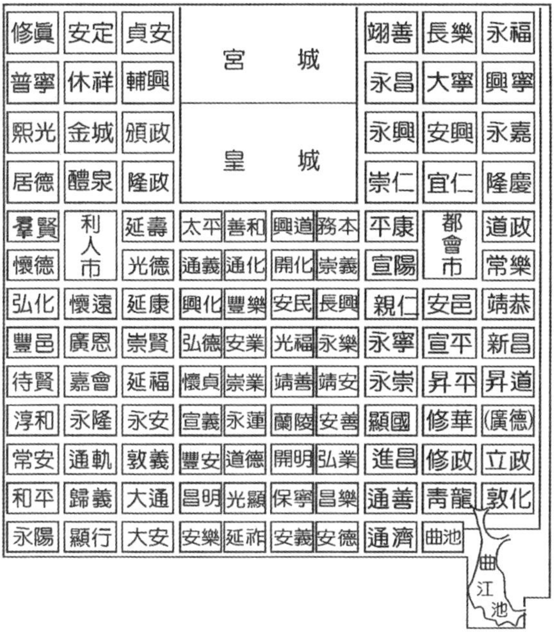

圖 17-2　隋大興城一百零九坊
（辛德勇《隋唐兩京叢考》，三秦出版社，2006 年）

愷繼續主持大工程，諸如開皇十三年（593）修建仁壽宮，並因此官至將作少監。同年，隋文帝下詔命令群臣議論明堂之制，宇文愷按照《禮記》裏的《月令》一文，造出明堂的木樣並選址安樂坊，後未能實施。仁壽二年（602），宇文愷負責修建獨孤皇后的陵墓，深得帝心，爵位得以恢復。隋煬帝即位後，宇文愷又被任命為營東都副監，在楊素手下做事。此時的他，已經不是那個妙手偶得、揮斥方遒的靈秀青年了。他揣測上意，將東都洛陽建得窮極壯麗，哄得楊廣大喜，任命他為工部尚書。楊廣北巡期間，宇文愷還特意為楊廣

設計了一座觀風行殿。觀風行殿以木板為內襯，外面覆蓋着畫有城牆的布匹，周長約 3 公里。士兵們可以在極短時間內搭建出一座完整的城池，並能通過輪軸推動城池緩緩移動。由於士兵們的腳被城牆擋住，在戎狄的酋長看來，簡直像是魔法一般，莫不驚駭。大業七年（611），宇文愷依然沒有放棄修建明堂，他再上《明堂議表》和木樣，却因時值討伐高麗，又一次未能實現。

然而再多的奇思妙想與如雲獎賞，也許能換來一時的安寧，伴隨着他這個前朝遺老在新朝如履薄冰、兢兢業業的一生。宇文愷應該永遠忘不了二十七歲那年，站在龍首原上目睹的夏日原野。沒有大興，沒有長安，沒有一百零九坊，沒有朱雀門，沒有太極宮。

那是一個多麼美妙的夏天，一整片空白靜靜等待着他來成就，一切是充滿希望的、浪漫的，夏天。

《大明宮詞》你錯了！

不知有多少少女對「人生若只如初見」的理解是這樣的。是年少懵懂的你，和母親賭氣不肯回家，拉上閨密偷偷跑出去玩耍。恰逢上元夜的長安城，你們戴上了崑崙奴面具，玩得不亦樂乎，却在人頭攢動中走丟了。你急了，這是你第一次闖入外面的世界，所有的人看起來都那麼猙獰和不確定。於是你哭着一張張掀開那些面具。一次次地失望後，你掀開最後一張。

駭人的面具下却是這樣一張臉龐。

似乎用什麼詞彙都難以形容這樣一張臉。必須發生在那時那刻，必須是出現在你最無措的時候，必須出現在這座迷人都市的迷人夜晚。人潮依然在身邊湧動，耳邊是爆竹的聲響，一切却都仿佛不存在了，影像連同聲音，集體缺席。眼前是這樣的一個男子，劍眉星目，溫潤謙恭，他同你柔聲講：「公子，你認錯人了。」

即使再不飽讀詩書，你都會在心裏默念「既見君子，云胡不喜」。忘了拭去臉上的泪水，忘了走丟的小姐姐，心幾乎要從嗓子眼裏出逃。長安變成一場最美妙的夢境。不管是繁華街景，還是從未見過的華燈异彩，都不及眼前這一張臉。

在《大明宮詞》裏，太平公主就是這樣遇見了薛紹。我們也是。

可是很抱歉啊，我同你講，在當時的長安城，他們不該這樣相遇！

根據電視劇的描述，時年十四歲的太平公主因為和母親鬧彆

扭，住在溫泉宮裏不願意回大明宮去。上元佳節當日，她和韋姑娘一起穿上小太監的衣服，一路走到東市或西市去看燈並巧遇薛紹，之後在北市吃餛飩時，被皇宮裏的禁衛軍帶回大明宮。

溫泉宮確有此地，正是我們熟知的華清池，其歷史久遠在此不一一細説。總之太宗時期此地還叫湯泉宮，恰好在高宗時改名為溫泉宮。溫泉宮位於驪山西繡嶺北麓，距離長安城大約三十公里。姑且不較真兩個小姑娘究竟是如何從溫泉宮走到長安城的，既然是劇情需要那就去吧，也許是馬快呢；也不較真寒冷的冬天如何竟能用兩件單衣禦寒……

最為意難平的只是，電視劇裏，太平和小韋二人是從門洞比人高不了多少的宣德門出來的！宣德門……（前情回顧：「宣德門是北宋東京汴梁皇宮的正南門。」）大明宮的正南門明明……明明是丹鳳門啊！而且，丹鳳門是專供皇帝出入的通道，平時緊閉不開。唐人詩云：「丹鳳樓門把火開，先排法駕出蓬萊。棚前走馬人傳語，天子南郊一宿回。」[1] 描述的正是皇帝從丹鳳門出南郊祭天的場景。百官出入大明宮通常是在丹鳳門西側的建福門，宦官則大多從大明宮西宮門右銀台門出入。因此，她們應當是混在宦官的隊伍裏，從右銀台門溜出了大明宮。

至於薛紹，他既不是懵懂的平頭百姓，更沒有所謂的妻子蕙娘。薛紹是太平公主的嫡親表兄，在他三十年的短暫人生裏，只有太平公主這一個妻子，七年婚姻，四個兒女。即使沒有電視劇裏過於戲劇化的編排，也完全可以是一個動人的故事。

薛紹（658—688）的母親城陽公主（630—671）乃是唐太宗和

---

1 〔唐〕王建《宮詞一百首》。

長孫皇后所生嫡女。城陽公主最初被嫁給杜如晦的兒子杜
荷。杜荷跟隨太子李承乾謀逆被誅之後，城陽改嫁薛瓘。讓女兒嫁給功臣
之後，本帶有籠絡功臣的意圖，結果却連累女兒守寡。在城陽改嫁之
前，也許是因為愧疚，著名「兒女奴」李世民特意為女兒的婚事占
卜，出來的結果却是：「兩火俱食，始則同榮，末亦同悴。若晝日行
合卺之禮，則終吉。」[1] 意思是此夫婦二人最初會同享富貴，最後却會
共赴悲慼，只有在白天舉行婚禮才能破此命數。為了女兒的幸福，
太宗馬上決定將婚禮改在白天進行，後來因為馬周的上諫而作罷。

這次占卜的結果之後赫然應驗。當了駙馬後，薛瓘被封了從
三品的左奉宸衛將軍。夫婦兩人共育有三子：薛顗、薛緒和薛紹。
麟德初年（664），城陽公主被控有巫蠱之罪，薛瓘受累，被貶官為
房州刺史，公主隨他一起赴任。咸亨二年（671），城陽公主薨於房
州，在此之前薛瓘已經病逝。城陽死後，唐高宗親臨顯福門舉哀，
「哭之甚慟，五日不視事」，並派人去房州奔喪，許公主和駙馬的靈
輦回京。[2] 城陽公主最終陪葬昭陵。不知太宗如果泉下有知，是否會
後悔當初聽從了馬周的諫言。

薛氏即河東薛氏，與裴氏、柳氏並稱河東三姓，亦是關西六大
姓之一 [3]，魏晉之際由蜀地遷徙至河東。河東薛氏分為南祖、西祖兩
支，其中南祖偏武，西祖偏文，薛瓘一系便是來自河東薛氏西祖第
三房。與高門大姓攀親雖是當時風尚，各重臣都未能免俗，皇家却
不吃這一套，唐初公主便不流行下嫁山東舊族。如太宗喜愛把女兒
嫁給功臣之後，這才有了城陽嫁杜如晦之子杜荷、高陽嫁房玄齡之

1　〔宋〕王溥《唐會要》卷六。
2　〔宋〕王欽若等編《冊府元龜・帝王部四十七》「友愛」。
3　關西六大姓：韋、裴、柳、薛、楊、杜。

子房遺愛、襄城嫁蕭瑀之子蕭銳等等。也有不少駙馬屬親上加親，直接從長公主的兒子，即皇帝的外甥中選取。太宗時有長樂公主嫁給長孫無忌的兒子長孫沖，新城嫁長孫詮。唐高宗則為最心愛的太平千挑萬選，鎖定了親外甥薛紹。

這樁婚姻固然是父母之命、門當戶對、順理成章，但也不妨大膽猜想，也許正是在上元夜的長安城，公主遇見了表哥。

至於他們如何相遇，首先須了解當時上元夜的正確打開方式。

上元觀燈是從唐中期才開始形成固定的慣例，之前雖已有觀燈的習俗，但時間並不固定。唐高宗時期，由於高宗與武后篤信佛教，在上元夜會舉行佛事活動。觀燈活動亦偶見於詩歌記載中。如「薄晚嘯遊人，車馬亂驅塵。月光三五夜，燈焰一重春」[1]，便寫了唐高宗調露二年（680）東都洛陽的上元盛況，可見當時上元夜已有觀燈活動。「火樹銀花合，星橋鐵鎖開。暗塵隨馬去，明月逐人來。遊妓皆穠李，行歌盡落梅。金吾不禁夜，玉漏莫相催」，則是蘇味道描寫的中宗時期上元夜景。唐中宗便曾與韋后一起，於上元夜微服出宮觀燈。[2]這個時期上元夜已經相當熱鬧了，據《大唐新語》卷八記載：「貴遊戚屬，及下隸工賈，無不夜遊。車馬駢闐，人不得顧。」及至睿宗朝，曾有胡僧婆陁申請夜開城門，燃燈百千炬，持續了三天三夜。[3]直到唐玄宗開元十四年（726）三月，玄宗頒佈敕令，規定「每載依舊取正月十四日、十五日、十六日開坊市門燃燈，永以為常式」[4]。自此上元燃燈的習俗正式固定成為一種制度，

1 〔唐〕長孫正隱《上元夜效小庾體同用春字》。
2 《舊唐書‧本紀第七》。
3 〔宋〕王溥《唐會要》卷四十九之「燃燈」。
4 《舊唐書‧本紀第九‧玄宗》。

持續傳至後世。

　　上元夜，可觀燈，可踏歌。城內燈火連綿，光耀整個夜空，把清冷月亮的風頭悉數奪走。唐代的燈主要分為宮燈和花燈兩種。宮燈中有動物形狀的燈，還有燈籠、燈樹、燈婢等。玄宗年間，韓國夫人曾經在高處點燃百枝燈樹，百里之外都能看見其光芒萬丈。花燈中有影燈，由五色蠟紙和菩提葉造成，燈面繪有人物，通過燈燭燃燒產生的熱力使其旋轉[1]。更為勾人魂魄的是燈樓，據《明皇雜錄》記載，東都洛陽曾有匠人毛順用絲綢製成三十間、高一百五十尺的燈樓，樓上懸挂着珠玉金銀，微風一吹，叮噹作響。[2]

　　踏歌即女子攜袖，以歌載舞，起源於北齊時的「踏搖娘」。據《朝野僉載》卷三記載：「睿宗先天二年 (713) 正月十五、十六夜，於京師安福門外作燈輪高二十丈，衣以錦綺，飾以金玉，燃五萬盞燈，簇之於花樹。宮女千數，衣羅綺，曳錦繡，耀珠翠，施香粉。一花冠、一巾帔皆萬錢，裝束一妓女皆至三百貫。妙簡長安、萬年少女婦千餘人，衣服、花鈸、媚子亦稱是，於燈輪下踏歌三日夜，歡樂之極，未始有之。」二十丈 (約 60 米高) 的燈輪下，數千名華服少女踏歌三日三夜。這般宏大而歡樂的慶祝場面，也只能發生在長安城了。

　　為了更好地鋪墊即將發生的那場相遇，姑且暫從睿宗朝的記錄中腦補高宗朝的場景。

　　假設，踏歌還是在安福門發生，此門位於太極宮南橫街的最西端，往西便是輔興坊和頒政坊。頒政坊曾是太平公主的故居。幼年

1　〔宋〕周密《武林舊事·燈品》。

2　〔唐〕鄭處誨《明皇雜錄·逸文》。

的小太平因為要替外祖母祈福，被安排出家做小道姑。後來為了躲避吐蕃的和親要求（吐蕃直接提出要太平公主），高宗和武后索性在宮外修了座道觀，為太平舉行了正式的受戒儀式。太平觀最初便興建在頒政坊，後來才移到大業坊的道觀（原宋王李元禮宅）內，頒政坊的觀址則改稱太清觀。

那是高宗調露元年、公元 679 年的上元夜。太平公主年方十四，正在太平觀做自己的小道姑。薛紹二十一歲，距離他跟隨父母靈柩回到長安已有數年。

他們可以這樣相遇。

其實上元夜宮裏也會張燈，然而這位嫌皇家宴席太悶的小丫頭，仗着父母寵愛編了個理由不進宮，決意進城玩耍。她換了身男裝，輕騎簡從，從大業坊出發，直奔安福門而去。

是夜，長安城坊門大開。燈火充斥眼簾，香氛氳漾鼻尖，管弦聲與歡笑聲交織，誰又能捨得入眠？朱雀大街上馬蹄翻飛，踏出漫天塵土，却怎麼都擋不住眼前錯過的流光溢彩。盛裝美人們充斥天街，錦幛有如彩霞；倜儻公子則交馳大道，雕鞍華麗似月。歡樂似乎是沒有盡頭了，夜也儘管如此去吧。

行至安福門，踏歌已經上演，擠得水泄不通。太平縱身下馬，將馬交給隨從。她在人群中瞬間搶得有利地形，正瞪圓眼打算好好看會兒熱鬧時，只聽得有人在近處説話。那聲音低沉舒緩，在狂歡的聲浪裏顯得有些突兀，她忍不住回頭張望，於是看到了薛紹。

似乎用什麼詞彙都難以形容這樣一張臉。必須發生在那個夜晚、那條街道、那個時刻。周遭一切都不復存在，燈輪、歌聲、笑鬧，都隱去了。只剩下人群中那個長身玉立的少年，站立在世間所有的夢境之中。太平呆立片刻，隨即開口問身邊人道：「這是誰？」

　　見多識廣的小宮女必須在此時答道：「這是城陽公主的三公子，您的表兄薛紹呀。」

　　太平可不是只知潸潸落泪的小丫頭。一日，她身穿「紫袍玉帶，折上巾，具紛礪」，[1] 在父母親面前獻舞。紫袍玉帶，乃男子常服；折上巾，即襆頭；紛礪，則是佩刀、刀子、礪石、契苾真、噦厥、針筒、火石等七件物品，原為武吏佩飾，後來成為裝飾。高宗及武后大笑問道：「女孩子又做不了武將，你為什麼要穿成這樣啊？」太平回答道：「那把這賜給我未來的駙馬可以嗎？」

　　《新唐書》裏留下了這段記載。也許正是在這段話之後，她揚眉抬頭，朗聲說道：「阿耶、阿娘（對父母稱謂），我要薛紹做我的駙馬！」

　　然後就走到了永隆二年（681）七月，太平公主下嫁薛紹。她身穿花釵翟衣，坐着厭翟車，駛出了大明宮。萬年縣衙是她的婚館，為了讓寬大的厭翟車通過，不得不拆毀了縣衙的圍墻。那一夜啊，從大明宮的興安門南直到萬年縣衙所在的宣陽坊西街，數公里的距離，密密麻麻全是火把，烈焰甚至燒死了路旁的槐樹，就這樣照亮了十六歲的太平的出嫁之路。

　　唐高宗親筆寫詩描繪當時的情景，七月流火，他最鍾愛的公主出嫁了：「龍樓光曙景，魯館啟朝扉。艷日濃妝影，低星降婺輝。玉庭浮瑞色，銀榜藻祥徽。雲轉花縈蓋，霞飄葉綴旗。雕軒迴翠陌，寶駕歸丹殿。鳴珠佩曉衣，鏤璧輪開扇。華冠列綺筵，蘭醑申芳宴。環階鳳樂陳，玳席珍羞薦。蝶舞袖香新，歌分落素塵。歡凝歡懿戚，慶葉慶初姻。暑闌炎氣息，涼早吹疏頻。方期六合泰，共

1　《新唐書·列傳第八》。

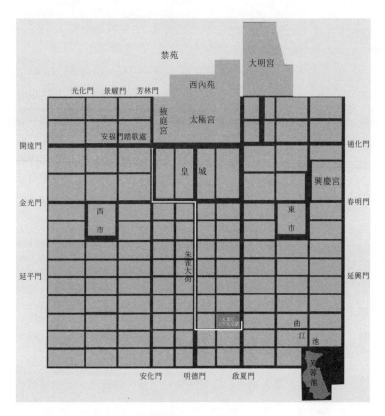

圖 18-1　太平公主與薛紹相遇路線圖（作者自繪）

賞萬年春。」[1]

　　太平真正的人生從這裏開始，未知的命運却分明帶着幾分已
知，誰叫她是皇家女？她重複了既是婆婆也是姑母的城陽公主的命
運。七年後，因受兄長參與謀反連累，薛紹被武則天杖責一百後餓
死在獄中。這年，太平才二十三歲。丈夫死於母手，該是怎樣的心

1　〔唐〕李治《太子納妃太平公主出降》，《全唐詩》卷二。

情？之後被母親輾轉嫁給武攸暨，不過都是政治。之後的人生，什麼用增加食邑來安慰，什麼鎮國太平公主，什麼神龍革命、先天之變，也不過是政治罷了。

開始總是好的。我們只需要記得紫袍玉帶，記得七年的舉案齊眉，記得永隆二年的夏天，被火把照亮的出嫁之路。或者乾脆像我一樣，腦補出一種合理的相遇。完全可能發生，對不對？意氣風發的少女和命中注定的少年，長安月下，燈火之中。

朱雀大街五公里

　　長安不是一個城市。

　　白天只有一個長安，夜晚却有一百零九個。[1] 白天的長安，屬隴西李氏、博陵崔氏、太原王氏……穿紅戴綠，高頭大馬，招搖過市，歡樂無敵。每當夜色降臨，坊門關閉，他們被關在一百零九個小長安裏，抬頭雖是同一方天、同一輪月，俯身却只有 1000 米乘 500 米可以自由往來之地。此刻坊墙外的長安被慷慨地劃歸金吾吏、狐仙、蛇妖和小鬼們享有，由着他們在開遠門外上演僵尸森林，或騙去好色書生的腦袋，蛇妖繞樹一周然後凌空飛起，正是人們想見而未得見、只能拚命腦補的另一個長安。

　　在這個城市，空間是時間的函數，時間被聲音切割。這聲音屬鼕鼕鼓，一個聽起來略萌的物件。鼕鼕鼓又稱街鼓，立在長安城六條主要幹道上，承擔着指揮時間的職責。街鼓的發明者是馬周。最初，京城諸街每到晨暮之時遣人傳呼以警眾。貞觀十年（636），馬周上奏建議諸街置街鼓，通過擊打街鼓來代替之前的人肉報時。太宗對這個建議十分讚賞，自此街鼓報時形成一項固定的制度。[2]

1　宇文愷最初營建隋大興城時，共計一百零八坊加東西二市；唐高宗龍朔二年
　（662）修建大明宮，將丹鳳門前的翊善坊和永昌坊各自從中劈開，成為四個
　坊，全城共計一百一十坊；唐玄宗開元二年（714），在原隆慶坊修建興慶宮，
　失去一坊，全城共計一百零九坊（張永祿《唐都長安》，西安：三秦出版社，
　2010 年，第八章「坊里與人口」）。

2　《舊唐書·列傳第二十四》。

　　長安的白天開始於夏日五更兩點、冬日五更三點[1] 響起的第一聲街鼓。此時天尚未亮，接到太史局的「鼓契」後，太極宮正南門承天門敲響第一聲曉鼓，坊門開，許人行。隨後，皇城門、京城門、宮城門、宮殿門序貫大開。六街街鼓聲聲接力，長安隨着一併甦醒。這鼓聲將持續三千下的時間，直到收到太史局的「所牌」才宣告停止。一天過去，晝漏[2] 盡，鼓聲再響，持續敲擊一千下的時間，坊門及裏外所有城門轟然關閉，夜禁開始。[3] 除非有婚、喪、病等特殊情況（但仍需獲得批准——本坊牒文），任何人都不得出入所在里坊。如果有誰膽敢於夜禁期間在坊外街道行走，即為犯夜，按照《唐律疏議・雜律》規定，一律笞二十。

　　於是夜禁期間，坊門之外只剩下空空的靜寂。某個中秋月圓之夜，曾有人聽見有鬼吟詩：「六街鼓歇行人絕，九衢茫茫空有月。」[4] 此時能站在九衢中央賞月的，除了金吾便只有鬼君了，只有清冷的月亮相伴，他們想必也會覺得寂寞吧。

　　從頭講起，回到里坊制度初現端倪的北魏年間。

1　《舊唐書・志第二十三・職官二》：「候夜以為更點之節。每夜分為五更，每更分為五點。更以擊鼓為節，點以擊鐘為節也。」五更共計十時，共計 600 分鐘，一點為 24 分鐘。

2　晝漏盡為夜。晝漏，一日百刻，即日出（太陽出現在地平線之前的二刻半）到日落（太陽湮沒於地平線後的二刻半）之間的時間。一刻為 14.4 分鐘，二刻半是 36 分鐘。

3　《唐律疏議・雜律》之「犯夜」：「五更三籌，順天門（即承天門）擊鼓，聽人行。晝漏盡，順天門擊鼓四百槌訖，閉門。後更擊六百槌，坊門皆閉，禁人行。」《唐六典》卷八《城門郎》：「承天門擊曉鼓，聽擊鐘後一刻，鼓聲絕，皇城門開；第一鼕鼕聲絕，宮城門及左右延明門、乾化門開；第二鼕鼕聲絕，宮殿門開。夜第一鼕鼕聲絕，宮殿門閉；第二鼕鼕聲絕，宮城門閉及左右延明門、皇城門閉。其京城門開閉與皇城門同刻。」

4　〔宋〕錢易《南部新書》。

　　里坊制度始於北魏平城，成熟於北魏洛陽。北魏天興二年
(399)，北魏在平城 (遺址在今山西省大同市) 始建都城。《魏書》
卷二《太祖紀》載，天興元年七月，「遷都平城，始營宮室，建宗
廟，立社稷。」作為北魏從遊牧向定居過渡期的第一個都城，平城
的規劃雖向漢人學來了宮城、宗廟和社稷這一套，却在城北為自己
的鮮卑血統留有一座規模不小的鹿苑，在城東白登山以南闢有練武
場。平城宮城位於北部，南部為居民居住區。泰常七年 (422)，在
居民居住區外圍修建郭城的城墻，郭城內規劃有封閉里坊。據《南
齊書・魏虜傳》記載：「其郭城繞宮城南，悉築為坊，坊開巷。坊大
者容四五百家，小者六七十家。每南 (閉) 坊搜檢，以備奸巧。」

　　孝文帝太和十九年 (495)，北魏遷都洛陽，在東漢、魏晉洛陽
的基礎上擴展外郭城，並明確了郭城內的里坊規模和管理制度：
「廟社宮室府曹以外，方三百步為一里，里開四門，門置里正二
人，吏四人，門士八人。」[1] 這個劃時代的變革直接影響了後來的都
城格局。在此之前，都城建設只重宮城、皇城，普通市民居於城外
的郭內，並無統一規劃。為了安置大批從平城遷入的人口，北魏洛
陽在原有城外開闢了範圍廣闊的郭城，並實現了先規劃後入住。在
這座新規劃的都城裏，人口有組織地被分配居住，並按原有的部落
分區塊安置，同時為了防止動亂和控制人口，對里坊實行封閉化管
理。正是從這裏開始，古代中國的封閉式里坊制度成為定式。

　　對這個制度，隋唐以為甚好，照單全收，並加以強化，這才有
了長安的一百零九坊 (開元年間)。據《長安志》記載：「皇城之東盡
東郭，東西三坊；皇城之西盡西郭，東西三坊；南北皆一十三坊，

1　〔北魏〕楊衒之《洛陽伽藍記》。

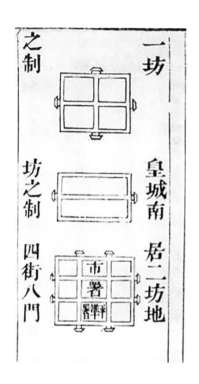

圖 19-1　長安坊制示意圖
（〔宋〕宋敏求撰，〔元〕李好文編繪，《長安志·長安志圖》，三秦出版社，2013 年）

象一年有閏。每坊皆開四門，中有十字街，四出趣門。皇城之南，東西四坊，以象四時；南北九坊，取周禮王城九逵之制。其九坊但開東西二門，中有橫街而已。蓋以在宮城正南，不欲開北街泄氣，以衝城闕。棋佈櫛比，街衢繩直，自古帝京未之比也。」[1]

　　坊分兩類，第一類只設東西兩個坊門，它們位於皇城以南、朱雀大街東西兩側，共九排三十六坊。這一類型的坊內有東西向的坊街，稱為「橫街」，從而將整個坊劃分為兩個區。第二類位於皇城兩側，共十三排七十四坊，均有東西南北四個坊門，坊內有縱橫交

1　〔宋〕宋敏求撰，〔元〕李好文編繪《長安志·長安志圖》。

又的「十字街」，將坊內劃分為四個區。各坊四周砌有坊牆。坊牆
由夯土製成，高 2 米左右，甚至可以騎馬斜倚其上，一如鄭谷詩云
「御溝春水繞閑坊，信馬歸來傍短牆。幽樹名園臨紫陌，晚風時帶
牡丹香」。[1] 一般民宅只能對着坊內開門，只有三品以上官員的宅邸
才允許在坊牆上開門。

朱雀大街也不是一條城市街道。

《尚書·堯典》中說道：「日中星鳥，以殷仲春。……日永星
火，以正仲夏。……宵中星虛，以殷仲秋。……日短星昴，以正
仲冬。」每當一年中晝夜長度相等的那天到來，黃昏時分，鳥星會
出現在南中天，這一天象可用來校準春分。鳥星，即南宮朱雀。古
人將二十八宿劃分為四宮，朱雀即是其中一宮。朱雀大街起於皇城
最南端的朱雀門（承天門到朱雀門間為承天門街，長約 3 公里），別

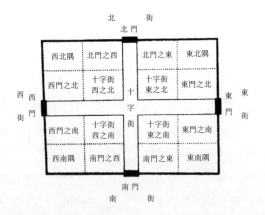

圖 19-2　隋唐長安里坊的內部分區方式
（王貴祥《中國古代建築基址規模研究》，中國建築工業出版社，2008 年）

1　〔唐〕鄭谷《街西晚歸》。

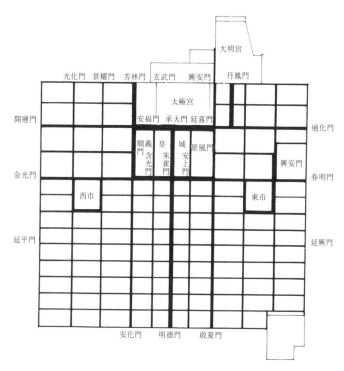

圖 19-3　長安里坊道路系統示意圖
（賀業鉅《中國古代城市規劃史》，中國建築工業出版社，1996 年）

名「天街」「天門街」。它是這個 83 平方公里龐大都城的中軸線，
亦是長安與萬年兩縣的分界。朱雀大街北通皇城，南達天庭——每
年冬至，皇帝「青質，以玉飾諸末，駕六蒼龍」[1]的玉輅車正是沿着朱
雀大街中央的御道，隨行儀仗隊伍共計兩三千人，出承天門、朱雀
門，一路向南，走出外郭城最南端的明德門，前往位於明德門外道

1　〔唐〕李林甫《唐六典 · 太僕寺卷》。

東二里的南郊祭天之所——圜丘。[1]

農耕時代，只有掌握時節奧祕的人才有資格統治萬民。仰望星空並非出於浪漫，而是現實的統治需求。於是在都城規劃中，往往用地上的城池來映射天上的星宿。端坐長安正中，從天宮直達天庭的朱雀大街屬天子和他本應在天上的都城，卻不屬地上的子民。地位決定了它的尺度，而尺度更彰顯了它的地位。

這條煌煌天街，它寬。朱雀大街總長九里一百七十五步（約5公里），寬一百步（約150米），比當今北京城的長安街最寬處還要寬上30米。夯土造的路面雨天泥濘不堪，少雨的季節則塵土滿天——若十天不下雨，朱雀大街便會灰塵四起，跬步之間難辨人影。既會耽誤上朝，也會耽誤追兇——曾有人在尚書省東南北街遇一异人，於是策馬追逐，導致驚塵四起，竟因此跟丟了[2]。在這條寬過21世紀主幹道的大街兩側，種有成排的槐樹，枝繁葉茂，煞是可愛，一如僧皎然的詩《長安少年行》描繪的那樣：「翠樓春酒蝦蟆陵，長安少年皆共矜。紛紛半醉綠槐道，蹀躞花驄驕不勝。」請注意，綠槐道並非隨處可醉。你若看到槐蔭下鋪有一條白沙甬道，千萬不要踏足。這一白沙甬道係官府為方便重要官員通行而鋪就，稱為「沙堤」，平民百姓無福消受。槐樹往外，即是3米寬、2米深的排水溝，若不幸遭人追殺，可考慮於此躲避。排水溝外側，留出寬3米左右的人行通道，然後便只能看到夯土造的坊牆了，偶見三品以上官員、寺院或宗親們戒備森嚴的大門，並沒有後世認為理所當然的沿街商鋪可以駐足。

1　《舊唐書·志第一·禮儀一》。

2　《太平廣記》卷一百五十四《李顧言》。

作為長安乃至大唐的第一街，朱雀大街也必須是大氣的。

長安城從南至北分佈有六個高崗，因此朱雀大街並不位於一條水平線上，而是佔據了其中四個起伏，放眼望去，並非一馬平川的景象。往北看，五門道、重檐廡殿頂、單層樓的朱雀門城樓巍峨聳立。轉身向南，視線穿過同樣五門道、面闊十一個開間、進深三個開間的明德門，終南山墨色的輪廓依稀可見。

低矮的坊牆自然遮不住坊內建築的輪廓。在朱雀大街的兩側建築中，以大興善寺最為顯眼。作為隋唐兩朝的國家寺院，早在宇文愷規劃大興城之初，大興善寺便與街對面的玄都觀一併被選址於此，以鎮住這九五貴位。大興善寺佔了整整一個靖善坊之地，用地面積共計 25 公頃。寺內大殿通面闊十三間，採用了唐代最高等級的建築規制，「鋪基十畝、欂扇高大」，[1] 面積達 5000 多平方米，是北京故宮太和殿面積（約 2377 平方米）的兩倍以上。大殿的通面闊可能為三百四十五尺 [2]（約 100 米），通進深一百七十尺（約 50 米），高度當不低於一百二十尺，即 36 米、十層樓的高度。寺內尚有天王閣、大士閣、文殊閣三座閣樓，其中天王閣形制高大，為天下之最。還有不空三藏塔和舍利塔兩塔，高度也不低。[3]

站在朱雀大街上，你還會看到一座熟悉的塔，那便是位於安仁坊的薦福寺浮屠院內，十五層密檐式塔身、一百二十八尺高的小雁塔。隔街豐樂坊內法界尼寺一百三十尺高的雙浮屠與其親昵呼應。

1　〔唐〕僧道宣《續高僧傳》。

2　[日] 足立喜六《長安史迹研究》（西安：三秦出版社，2003 年）中考據，1 唐尺 = 0.294 米。

3　王貴祥《唐長安靖善坊大興善寺大殿及寺院佈局初探》，《中國建築史論彙刊·第拾輯》，北京：清華大學出版社，2014 年。

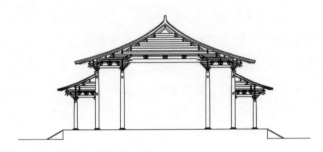

圖 19-4　唐長安大興善寺大殿推測剖面示意圖
（王貴祥《唐長安靖善坊大興善寺大殿及寺院佈局初探》，《中國建築史論彙刊·第拾輯》，清華大學出版社，2014 年）

圖 19-5　唐長安大興善寺大殿立面復原圖
（王貴祥《唐長安靖善坊大興善寺大殿及寺院佈局初探》，《中國建築史論彙刊·第拾輯》，清華大學出版社，2014 年）

除了這些，朱雀大街東側坊內從北到南還分佈有至德女冠觀、法壽尼寺、太平公主宅、光明寺；西側坊內則有淨影寺、都亭驛、開業寺、唐昌觀、濟度尼寺、資聖尼寺、玄都觀、開元觀。於是整個朱雀大街沿線建築形成了一系列連續的樂章，絕不會讓你的視覺感受到片刻無聊。你看吧，那些屋脊上的鴟尾、支撐屋頂的厚重斗拱、佛塔高聳的塔尖、坊內外大樹的茂密樹冠，還有玄都觀內數千棵粉粉的桃樹……紛紛耐不住寂寞，跳出坊牆，把朱雀大街兩側的天際線勾勒得跌宕起伏而儀態萬千。

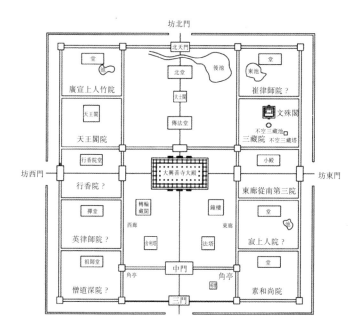

圖 19-6　唐長安大興善寺想像平面圖
（王貴祥《唐長安靖善坊大興善寺大殿及寺院佈局初探》，《中國建築史論彙刊·
第拾輯》，清華大學出版社，2014 年）

　　包括朱雀大街在內，長安城的二十五條坊與坊之間的主幹道
（東西十一條、南北十四條），寬度均在 50 米到 150 米，道路總面
積達到 10 平方公里，佔到外郭城總面積的七分之一。考慮到尺度
的龐大和駐足空間的匱乏，這些被時間和空間雙重阻斷的街道並不
適宜市民行走，而是更多體現了皇權和秩序。在被用來彰顯大唐
氣象、服務政治的同時，它們也承擔了一些社會空間的功能。以朱
雀大街為例，《李娃傳》中東西二凶肆之間的輓歌比賽，便特意選
在「天門街」進行。京兆尹因旱災祈雨，也是在朱雀大街造土龍，

招來城中巫師，圍着龍起舞。[1]郭子儀以長安豪俠為內應奪回長安那次，豪俠們齊齊敲響朱雀大街上的街鼓，鼓聲響徹全城，蕃軍倉皇而去。[2]斬首重要戰俘的活動也選在這裏進行，「（天寶）十三載三月，千里獻俘於勤政樓，斬之於朱雀街」。[3]

面對這些與大場面更相配的主幹道，長安市民機智地選擇捨近求遠，日常交通並不走坊之間的大路，而是走進坊內，用更親切的坊內街道來通行。《冥報記》便記載了康報在長安城被無良舊識曾某追捕的故事。那日，追捕康報的曾某從他太平坊的住宅出發，乃是經由善和坊西門之內趕赴安上門進入皇城。他本可以走太平坊東門外的金光門至春明門大街，這條東西向大街正好位於皇城前面，曾某卻選擇從善和坊內穿過。數日後曾某再次走此路，並遇上了已伏法的康報的鬼魂，可見這種走法在當時已成常態。

要想仰望長安，不妨上朱雀大街看個究竟。威嚴、雄壯、氣魄，這些詞用在它身上絕不誇張，綿延 5 公里的寬敞大道，是肉眼可見的天都景象。若想走進長安的市井生活裏，還需要走進坊門，坊內不受時間限制、自成一體，這些脫離了政治功能的街道充滿了更容易親近的煙火氣。時間與空間的阻隔發生在坊門之外，坊內燈火可以不熄。信馬雖無法由韁，但總是可以下馬，走進坊內的茶肆或者畢羅店，閑坐但聽旁人八卦。只有與人發生交通，城市才能從天上回歸地下，擁抱每一個居住在其中的子民。

1　《太平御覽》卷七百三十五。

2　《新唐書·列傳第六十二》之「郭之儀」。

3　《舊唐書·列傳第一百三十七》之「程千里」。

在西市，活捉一隻五陵少年郎

　　唐武宗會昌三年（843）六月二十七日夜三更，日本僧人圓仁目睹了東市的一場大火。那場火照亮了長安的整個夜空，東市曹門以西十二行、共計四千餘家店舖，公私財物、金銀絹藥，悉數燒盡。據《長安志》記載，東市「市內貨財二百二十行，四面立邸，四方珍奇，皆所積集」。東市與西市分列皇城兩側，各佔兩坊之地（面積約一平方公里），四面立牆，牆上各有兩門，市內店舖的數量級是十萬家起的水平。最外圈臨着市牆的是用來保管外地客商發來貨品的批發店「邸」，面向市民的零售店「肆」臨街而設，同行業的「肆」集中成商業街是為「行」。正午之後，市門大開，除了五品以上官員的長安人紛紛入市，或購買生活所需，或流連酒肆，到市門關閉時仍不捨得離去。

　　到唐朝後期，長安城「東貴西富」的格局十分明顯。東市緊鄰大明宮、興慶宮和諸多權貴住所，是為貴人之市。西市則是庶民之市。從「絲綢之路」入城須經由離西市最近的開遠門，外國人一多，商業也跟着豐富起來。西市的人氣因此高於東市，得了「金市」的名號。西市的店舖開得多而且密，市內幾乎沒有空地。店舖種類亦是視君需求，應有盡有，有服裝店、香藥舖、珠寶店、飲食店、魚店和酒樓，各種口音和味道混在一起，調製出的是西市獨有的親切氣息。

　　胡商集聚的西市，胡姬陪酒自然一大特色。若你終於盼來午後入市，會被同樣心急的人群擠得只能踮腳走路。偶遇街邊一胡人

西市

放生池 ⊗邸 / 馬行 磨行 / 麩行 炭行 / 鞦轡行䋲	波斯邸 收寶胡商 / 常平倉	⊗邸 果子行 椒筍行 雜貨行 / 王會師店 新貨行 / 賣錢貫人 賣藥人
賓家食店 屠行 / 張家食店 肉行 / 酒肆 五熟行 / 胡姬酒肆 白米行 / 大米行 / 粳米行	市署 / 衣肆 / 櫃坊	靴行 金銀行 / 幞頭行 席帽行 / 秤行 生鐵行 / 賣獥人 鏼斧行 / 善射人
絲帛行 帛市 / 彩帛行 絹行 / 總縑絲絹行 布行 / 大絹行 染行 / ⊗邸	平准署 / 小絹行 燒炭 / 新絹行 曝布行 / 小彩行 油靛店	墳典肆 藥行 / 寄附鋪 筆行 / 飲子藥家 魚行 / 卜肆 / 邸⊗

東市

臨路店 邸⊗ / 肉行 / 酒肆 / 畢羅肆	常平倉	⊗邸 放生池
刁家印刷 / 李家印刷	市署	凶肆 / 質驢人 / 鐵行 / 筆行
錦繡彩帛行	平準署	雜戲 / 琵琶名手 / 賣胡琴者 / 邸⊗

圖 20-1 唐長安城東、西兩市內部形態結構
（史念海主編《西安歷史地圖集》，西安地圖出版社，1996 年）

開的酒肆，並不是最豪華的，却香氣馥鬱，尤其是有高鼻深目、顧盼生姿的胡姬招呼你進店。你美美地品上一口全國十三大名酒之一的「西市腔」。[1] 當時的酒以麥、黍釀造，質地黏稠，味道偏甜，喝多了未免會覺得膩。你問我這西市腔究竟好喝在哪裏？我還真不曉得。若想得到西市品酒的一手指南，我建議你去問問西市里那些和胡姬暢飲、一擲千金不眨眼的五陵少年郎。

　　五陵少年並非真住在五陵原。五陵原位於渭水之北，因漢朝的皇陵長陵、安陵、陽陵、茂陵和平陵分佈於此而得名。漢朝初年有陵邑制度，在帝陵旁邊修造大規模的城邑，將功臣、高官、富人以

1　〔唐〕李肇《國史補》：「酒則有郢州之富水，烏程之若下，滎陽之上窟春，富平之石凍春，劍南之燒春，河東之乾和蒲桃，嶺南之靈溪，博羅、宜城之九醞，潯陽之溢水，京城之西市腔，蝦蟆陵之郎官清、阿婆清。又有三勒漿類酒，法出波斯。」

及豪強之家遷至陵邑之內，以盡祀奉守護之責，同時也暗含着強幹弱枝的心思。[1] 其中光是漢高祖長陵的陵邑，最初便遷來萬戶之眾。[2] 這一制度直到漢元帝永光四年 (公元前 40 年) 才得以廢除。

在唐朝，「俠」並非一個新鮮字眼。早在春秋戰國時期，思想百家爭鳴，俠與士一道遊走列國，毛遂、荊軻、劇孟，均是其中翹楚。西漢秉行黃老無為之治，莊園勢力強大，莊園主均養有門客，俠風並未衰退。五陵一帶由於本是豪強聚集之地，俠風便成了這個地帶深刻的印記。五陵少年們一路走進了唐朝的長安城。「長安重遊俠」[3]，而「遊俠多少年」[4]。

頂着「五陵少年」名號的大唐少年們出現在諸多的詩句中，把長安的氣質都帶得不羈了起來。後世鮮見對俠客如此不遺餘力的讚美。後來的人們推崇內斂、端正，個性被埋在儒雅的拱手之下。一談起武力來，文人們紛紛捏起鼻子。宋人更是如此，從軍之人都得在臉上刻印，橫遭輕視。長安人可不一樣。他們愛慘了這批五陵少年郎啊，愛得近乎寵溺。關於他們的描述通常是這樣的：「同學少年多不賤，五陵衣馬自輕肥」[5]「五陵年少金市東，銀鞍白馬度春風」[6]「貴里豪家白馬驕，五陵年少不相饒」[7]。馬蹄都快騰空而起了，春天屬他們，色彩屬他們，富貴也是他們的。

1　《漢書·地理志》。

2　〔元〕馬端臨《文獻通考》。

3　〔唐〕盧照鄰《結客少年場行》。

4　〔唐〕王維《少年行四首》。

5　〔唐〕杜甫《秋興八首》。

6　〔唐〕李白《少年行》。

7　〔唐〕崔顥《渭城少年行》。

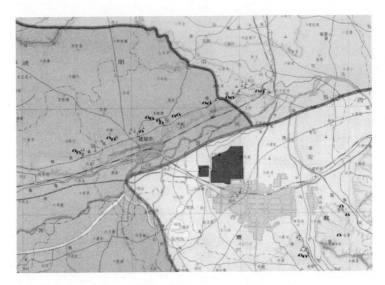

圖 20-2　五陵分佈圖
（史念海《西安歷史地圖集》，西安地圖出版社，1996 年）

　　這是專屬唐朝的氣質，毫不扭怩，肆意妄為，也許還有一點兒糙。

　　他們愛笑愛鬧，懂得良辰美景要及時享受，而用西市腔換來微醺之後看到的景色剛剛好。每到春天來臨，桃花杏花開滿京華，長安道邊的槐樹冒出綠芽，少年郎們成群結隊，各自置有矮馬，馬上裝飾有錦韉金絡，並排緩行於花樹之下，僕人手執酒具在旁跟隨，遇到好的園面便下馬暢飲。[1] 曾有公認的俠義之士劉逸、李閑、衛曠，每到暑伏時節便各於林亭內植畫柱，用錦綺結為涼棚，設坐具，召長安名妓間坐，遞相延請，為避暑之會。世人無不艷羨。除了西市，他們還流連於「風流藪澤」平康坊，「挾彈飛鷹杜陵北，探

1　〔五代〕王仁裕《開元天寶遺事》。

丸借客渭橋西。俱邀俠客芙蓉劍，共宿娼家桃李蹊」。[1]

平康坊因位於長安街坊以北，靠近東市，又稱為「北里」，是長安城一等香艷所在之地。據王仁裕《開元天寶遺事》描述：「長安有平康坊者，妓女所居之地，京都俠少萃集於此，兼每年新進士，以紅箋名紙遊謁其中。時人謂此坊為風流藪澤。」平康坊內多曲，據《北里志》記載，入平康坊北門後，「東回三曲，即諸妓所居」。在唐傳奇《李娃傳》的敘述中，鄭生正是從平康坊東門入，在鳴珂曲初見李娃，故事由此開始。俠客也好，新科進士也罷，全都遊冶其中且毫不避諱，長安人對此也津津樂道，並無輕視之意。

這樣放肆的一幫人，究竟是什麼來歷？

在同是唐傳奇經典篇目的《霍小玉傳》中，出現了一名風姿卓然的俠客，決定了故事的走向。負心漢李益拋棄霍小玉另娶世家女盧氏，心知霍小玉身患重疾仍不願相見，反而優哉遊哉約了友人遊崇敬寺賞牡丹花。黃衫客便是在牡丹花會上第一次登場，「忽有一豪士，衣輕黃紵衫，挾弓彈，豐神雋美，衣服輕華，唯有一剪頭胡雛從後，潛行而聽之」。黃衫客用計將李益騙到霍小玉住處，命奴僕數人將他抱持入內，強令其相見。這位路見不平的黃衫客便是京城俠少的一員，雖不知其來歷，但從「衣服輕華」、身後隨從「剪頭胡雛」、擁有「奴僕數人」，不難推斷出他家世優渥。

遊俠多是豪富子弟，不然不會有「龍馬花雪毛，金鞍五陵豪」這一說。[2] 京師禁衛軍是最為龐大的遊俠群體。韋應物年輕時曾是玄宗的三衛郎。三衛郎，即「凡左右衛、親衛、勛衛、翊衛，及左右

1　〔唐〕盧照鄰《長安古意》。

2　〔唐〕李白《白馬篇》。

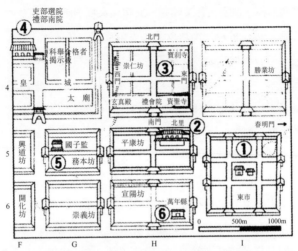

①東市　②城內最大的民間經營的冶遊之處（平康坊北里）　③城內最大規模的旅館街（崇仁坊）　④應舉試場（吏部選院、禮部南院）　⑤國子監（文廟位於其中）　⑥萬年縣廳

圖 20-3　唐代長安的繁華地（東市‧平康坊‧崇仁坊）
（[日]妹尾達彥《唐代長安的東市和西市》,《乾陵文化研究》（四），三秦出版社，2008 年）

率府親勛翊衛，及諸衛之翊衛，通謂之三衛」。[1] 能有資格當三衛郎的，必須是權貴出身。韋應物便出身高門京兆韋氏，他在《逢楊開府》一詩中寫道：「少事武皇帝，無賴恃恩私。身作里中橫，家藏亡命兒。朝持樗捕局，暮竊東鄰姬。司隸不敢捕，立在白玉墀。驪山風雪夜，長楊羽獵時。一字都不識，飲酒肆頑癡。」結交亡命徒，暮竊美姬，為所欲為，根本不讀書，便是他身為俠少的生活寫照。這些禁軍少年郎「半醉五侯門裏出，月高猶在禁街行」[2]「生來不讀

1　《舊唐書‧志第二十三‧職官二》。

2　〔唐〕羅鄴《公子行》。

半行書，只把黃金買身貴」[1]。他們的人生和每年湧入長安的應試舉子們大相徑庭。沒有寒窗苦讀，不需吟詩作賦，只要做個神氣的禁軍，挾彈鳴鞭，鮮衣怒馬，鬥雞走馬打球，美人在懷，大口喝酒，過癮最好。

這樣的生活都有些胡鬧了，可為何唐人對遊俠兒們如此仰慕？只因當時的社會風氣「寧為百夫長，勝作一書生」[2]。崇俠，尚武，重邊功，和當時唐朝的軍事實力相關。漢唐兩代，邊塞均不是一個讓人看了傷感的字眼，而是可以立馬揚鞭馳騁的疆土。於是昔日的長安少年遊俠客，夜上戍樓看太白時也毫不違和。[3]當他們翻身上馬奔赴邊關，這些平日裏似乎只知道玩鬧的少年郎以風沙裝飾金鞍白馬，仗劍拉弓、為國戍邊。只有到了大漠孤煙之地，俠士的豪情才顯得格外盪氣迴腸。他們「偏坐金鞍調白羽，紛紛射殺五單于」[4]「追奔瀚海咽，戰罷陰山空」[5]，是何等的瀟灑！

遊俠兒並非職業，而是一種生活態度，是飄蕩在這個城市上空的氣質。一個大部分人都幻想着快意恩仇、大口喝酒大口吃肉、手持利刃飛檐走壁的時代和它的都城，必然不是溫敦儒雅的，而是豪情萬千的。在這裏，你可以想像遠方，享受最美的花、最好的酒、最多情的姑娘。沒有什麼可以束縛住你，只需要無憂無慮地做自己就好。快來吧，如果不好意思去平康坊，就和我一起走到西市，活捉一個正在最好年華的五陵少年郎。

1　〔唐〕李賀《嘲少年》。

2　〔唐〕楊炯《從軍行》。

3　〔唐〕王維《隴頭吟》。

4　〔唐〕王維《少年行四首》其四。

5　〔唐〕盧照鄰《結客少年場行》。

長安妖魔鬼怪地圖

　　開遠門是長安外郭城西北方向第一個城門，亦是西去「絲綢之路」的起點。「開遠門前萬里堠，今來蹩到行原州」，[1] 講的便是這裏。堠是中國古代用來分程計里的標誌之一。圓仁曾記載道，「唐國行五里立一堠子，行十里立二堠子：築土堆，四角上狹下闊，高四尺或五尺不定」。[2] 開遠門外的堠驚天動地，標記的是萬里河山。天寶年間，玄宗在開遠門外揭堠署立堠，上書「西極道九千九百里」。據《資治通鑒》記載，「是時中國盛強，自安遠門（即開遠門）西盡唐境萬二千里，閭閻相望，桑麻翳野，天下稱富庶者無如隴右」。九千九百里是大唐的領土，一萬二千里則包含西域諸國在內。自太宗起，外戰連連告勝，隴上、涼州、吐谷渾、高昌……「中國無斥候警者幾四十年」。[3] 開遠門，是唐王朝對西域影響力的象徵，離開長安遠行的起點，升平盛世的中心。

　　這賦予了開遠門一種卓然的地位，與南明德門、東通化門一道，成為長安記載最多的外郭城門。

　　然而，關於開遠門，最吸引人（我）的是一段類似於僵屍森林的描述。

　　元和十二年（817），五次落榜的蘇州人吳全素上京趕考，宿在

1　〔唐〕元稹《西涼伎·吾聞昔日西涼州》。

2　[日] 圓仁《入唐求法巡禮行記》。

3　《新唐書·列傳第一百四十一·吐蕃》。

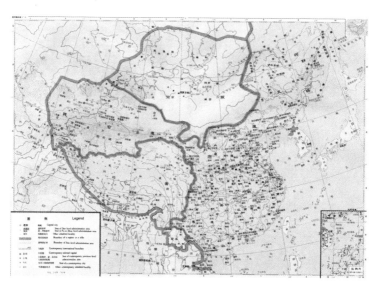

圖 21-1　唐朝疆土示意圖（開元二十九年）
（譚其驤《中國歷史地圖集》，中國地圖出版社，1996 年）

長安永興里。十二月十三日夜，已入睡的吳全素看見有兩個執簡的
白衣人出現，像是貢院中舉牌引路的人一樣，硬要帶他走。他推辭
不過，只得從了這兩人而去。他們從開遠門走出長安城後二百來步
再往北行，只見有路寬二尺，路以外是一片沼澤。這時，吳全素看
到這樣一番極其詭异的景象。

　　泥沼之中，竟有幾百個男男女女在趕路。他們要麼相互拉扯，
要麼被拽倒在地，要麼上着枷鎖，要麼衣襟被連在一起，人群中還
有和尚、道士，有的人袋子裏裝着自己的腦袋，也有人兩手反綁被
驅趕着……[1]

1　〔唐〕牛僧孺《玄怪錄》卷三《吳全素》。

這顯然不可能發生在夜禁中的長安郊外。無疑，他們都是鬼。

《法苑珠林》卷六二引《長阿含經》云，「一切人民所居舍宅，皆有鬼神，無有空者。街巷道陌，屠膾市肆，及諸山塚，皆有鬼神，無有空處」。在長安出沒的除了鬼神，還有妖怪。鬼與妖的形成機制不同。鬼與宗教信仰相關，內含因果報應之類的道理。妖則植根於民間土生信仰。那時的人們都篤信萬物皆有靈，不管你是樹、蛇、板凳、木勺，還是狐狸，都應該有屬自己的精魂。每當暮鼓敲完，被關在坊內的長安市民們開始想像坊門外的景象。能有什麼呢？不如有一群能代替他們自由穿行於月下街衢的鬼怪好了。

據《輦下歲時記》記載，務本坊西門是鬼市，每當風雨曛晦之時，都會聽到鬼喧嘩聚會的聲音。而秋冬的夜晚多聞得賣乾柴的聲音，應該是枯柴精。又或是在月夜，聽到有鬼吟詩：「六街鼓絕行人歇，九衢茫茫空有月。」有和者云：「九衢生人何勞勞，長安土盡槐根高。」

鬼市交易和文藝鬼吟詩都發生在夜禁時刻。和人相反，鬼怪皆晝伏夜出。鼓聲號令之下，陰陽兩界時空轉換。鬼怪主要集中在三個時間段出現：暮鼓響起到結束之間、夜禁期間、晨鼓響起到結束之間。鬼在夜禁期間出現並不奇怪。暮鼓及晨鼓還沒敲完的時候，夜禁還未開始或已經結束，但天色依然漆黑，此時人們開始陸續回坊或出坊，鬼怪則在此時出現或消逝，人鬼於是不小心撞了個正着。

家住崇賢里的裴通遠便是在這個時間與鬼相遇。那天他們全家坐車去通化門觀看唐憲宗的葬禮，回來時經過朱雀大街。這時候暮鼓開始敲了，他們只得快馬加鞭往回趕。回程途中，他們在平康里北口遇見一白髮老嫗，一問原來也住在崇賢里，便好心捎她一程回

去。老嫗下車後，遺落一個紅色錦囊在車中，打開發現是四條死人用來蒙面的白羅巾，於是一車四人全部喪命。[1] 也有白天出現的鬼，比如被多人傳說的高法眼的故事。身為隋朝開國重臣高熲的玄孫，高法眼竟於正午時分在長安大街上被多名鬼騎馬追逐，被鬼拿刀砍斷髮髻和連帶的肉，最後落馬暴死，在場有多人目擊。這簡直不符合鬼界的基本法。[2]

長安城的城市生態，可以用「東貴西富、南虛北實」八個字來形容，東邊雲集達官顯貴，西邊是豪富聚集之地，南邊則蕭條冷落。據《長安志》卷七《開明坊》記載：「自朱雀門南第六橫街以南，率無居人第宅。」由於規劃的坊多於實際需求，南北距離遠，往南的坊內往往都人跡罕至，有的甚至成為菜地。

和人一樣，鬼喜歡出沒於白天本就熱鬧的地方，東西兩市周邊數坊便鬼影重重。如鬼吟詩的務本坊，便位於朱雀門街東第二街從北數的第一坊，緊鄰皇城之南的安上門。務本坊半坊都被國子監佔據，坊內南街之北有房玄齡宅改成的先天觀、進奏院以及諸多官員的住宅，與東市咫尺之遙。相鄰的崇仁坊，是進京趕考的士子們集中居住之地。據徐松《唐兩京城坊考》所記，此地「晝夜喧呼，燈火不絕」；緊鄰的平康坊，則是他們風流的最佳去處。正是這一片歡騰熱鬧的地帶，引來鬼怪流連。此外，兩市有獨柳樹和狗脊嶺這兩個有警示作用的刑場，同時亦有放生池，旁有佛堂。殺人與放生同時發生，是人們目所能及的生死衝擊，因此帶來對鬼的想像也並不稀奇。

1　〔唐〕薛用弱《集异記・裴通遠》。

2　〔唐〕釋道世《法苑珠林》。

　　人員大規模流動的城門附近也不乏鬼的出現，吳全素的故事便是在開遠門上演，在門外描述了一個幽冥地界。在居住地點的選擇上，鬼往往會避開人，選擇荒涼的城外或是城南坊內居住，其中最受歡迎的是蘭陵坊。蘭陵坊位於朱雀大街以東第一街自北向南第六坊，和明德門相鄰。妖怪則屬居家型，經常出現在坊內住宅的八卦中，是許多凶宅的罪魁禍首。

　　據不完全統計，鬼分兩種，一種是要人命的，一種是辦差使的。辦差使的往往是男鬼，他們來凡間多有公務在身，通常都嚴格

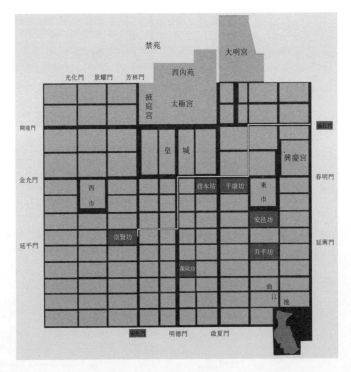

圖 21-2　文中提及的妖魔鬼怪出現地點（作者自繪）

遵守時間要求，必要時還會保佑士子高中（想得美）。吳全素那日便是被辦差的男鬼給錯抓到了閻王殿。要人命的却是女鬼。據《廣异記》中記載，開元年間，有名喚薛矜的，是管理宮市的長安尉。一日他在東市前見一輛車，車中婦人有一雙如白雪般的素手，薛矜為之傾倒。後來，他去婦人在金光門外的宅中相會，只見婦人端坐帳中，羅帕蓋頭。薛矜想拉掉羅帕，却怎麼都拉不下來。拉了好久，羅帕才掉下來，看見婦人臉長尺餘，臉色發青，聲音如狗，薛矜當時厥倒。

鬼與妖形成機制雖不同，然而女鬼和女妖在世俗想像中似屬同一物種。和薛矜相似的故事還有許多，女主却變成了妖怪。例如《博异志》中《李黃》記載的兩個故事，一是隴西李黃於東市遇見一白衣美女，李黃心神俱醉，追求偷歡；二是任金吾參軍的李琯，自永寧里出遊，到安化門外遇到一通體銀裝的牛車，車後二白馬女奴，姿容佳美，告訴李琯「車裏的姑娘更美呢」，李琯於是跟隨這二女，一路走到日暮，跟到安邑坊的奉誠園後春宵一度。

最後的結果是一致的。富家子都被蛇妖所惑，李黃暴卒，李琯腦裂而卒，美人下榻的豪宅白天竟然是廢墟。同樣的套路，到了《任氏傳》裏，却有所變異。滎陽鄭生在東市往南第三坊升平坊的街上遇見狐妖任氏，鄭生見任氏美貌，搭訕道：「你這麼美，怎麼一個人走路呀？」任氏笑答：「有馬的人不肯借給我，我不自己走能如何？」鄭生答曰：「劣馬不配給佳人代步，我這匹馬送給你，我也陪你走吧。」兩人相視大笑，結伴而行，一路上走走停停，到樂遊原時已是天黑，鄭生便留宿任氏宅，此處略去若干字不表。然而與前面那三個倒霉蛋不同的是，任氏並未奪其性命，第二天天沒亮就催他離去，他還好端端地跟里門附近賣餅的胡人聊了會兒天，

得知任氏竟是狐妖。鄭生與任氏後來在西市衣鋪相遇，竟然幸福快樂地生活了一段時間，直到任氏蹊蹺死去。

富家子與美女邂逅，理應是個色澤鮮艷、郎情妾意，最起碼也該是柔情款款，寫個情信、吟一首小詩的故事。然而一旦發生在長安城，卻畫風突變，要麼是青臉女鬼，要麼是奪命妖怪，全都一上來直奔主題，後來暴卒收場，讓人簡直無法好好地相愛。

無論是遇上美女還是被鬼追殺，這些對死後世界和黑暗街道的想像並非唐人獨有，今世亦不少見。當渲染上唐代特有的糙和直接，少了款曲和不必要的迂迴時，衝擊力更為強勁。和當時特有的夜禁制度結合在一起，鬼界和人間共用一套空間和時間準則，什麼時間該出現在哪兒，竟是一板一眼。暮鼓聲下，陰陽之間的界限模糊並交錯着。於是乎，長安月下，坊內燈火喧囂，坊外百鬼夜行。當人鬼相遇之時，我們完全可以想像他們能相視大笑。誰說這城市不是他們所共有？白天黑夜，又有什麼差別？

那些在廟裏消磨的光陰

你若問我念念不忘的長安在何處，我當告訴你，我忘不了青龍寺僧廊邊的紅葉，忘不了崇敬寺西廊的牡丹，忘不了趙景公寺吳道子親繪的壁畫《地獄變》，忘不了大安國寺的紅樓舞榭，忘不了慈恩寺雁塔題名時的意氣風發，自然也忘不了在慈恩寺戲場看戲時，坐在我身邊那位身着團花錦翻領小袖胡服的英武小娘子。

長安人愛熱鬧，動不動就傾城出動，上街圍觀，不然不會有「花開時節動京城」一説。能把全城人都吸引到通衢大道上的，往往是了不得的事，諸如上元燈節、牡丹花開、進士登科、公主出降、皇族大殯……以及佛骨入京。唐懿宗咸通十四年（873）四月初八，鳳翔法門寺佛骨從開遠門進城，天子親登安福門觀禮，看得直是涕淚滿襟。佛骨所經之處，市民皆夾道圍觀，其中有炫富的土豪、砍掉自己手臂舉着追着佛車跑的變態士兵、戲弄這位士兵的無賴坊市少年。歌舞有之，賞賜有之，街衢之間充斥着各類無遮大會新造的亭台樓閣。耳目所見盡是鑼鼓喧天，爭奇鬥艷，知道的這是迎佛骨，不知道的大概以為上元佳節又過了一回。[1]

信仰是大家的事，不過，更為重要的是，皇帝是否拿它當回事。與篤信佛教的隋文帝比起來，在想和老子攀親的唐朝皇帝中，真正信佛的沒幾個。用佛教做工具的倒不少，為籠絡人心，為鞏固

1　〔唐〕蘇鶚《杜陽雜編》卷下。

統治，為彰顯功德。如根本不信佛，甚至採取過「簡僧」政策的太宗，「太宗實以不信佛見稱」，「及即皇帝位，所修功德，多別有用心」，[1] 他曾於貞觀三年 (629) 冬天令京城僧尼七日行道，並在自己征戰過的地方建造佛寺。[2] 如表現得很信佛的武則天，將佛教的地位提升於道教之上，曾令天下各州建「大雲居寺」——只因《大雲經》中有「女皇」的內容。滅佛的也不乏其人。武宗會昌五年 (845) 那次滅佛，散盡長安僧尼，長安佛寺幾乎消失殆盡，「天下所拆寺四千六百餘所，還俗僧尼二十六萬五百人」。[3]

興建佛寺在隋唐皆屬官方行為，佛門的組織與管理亦由政府負責。隋大興城一百零八坊，有佛寺的共計五十六坊。寺廟如滿天星斗般散佈於各坊，亦有明顯集中分佈的地區，包括城中心及東西市附近，且朱雀大街街西多於街東 (和鬼出沒的區位雷同)。唐長安城的許多佛寺都承繼於隋朝。唐朝初年，據《唐兩京城坊考》記載，長安城內的隋朝舊寺有七十餘所，亦有不少新建寺廟，舍宅為寺更是當時皇親國戚的時尚。據孫昌武考證，長安城內有據可考的佛寺共有一百六十餘所，共七十七坊有寺，主要分佈於東西市附近、朱雀門橫街附近等熱鬧地帶，分佈上與隋時差距不大。其中名氣最大的當屬大安國寺、大慈恩寺、大薦福寺、大興善寺、西明寺、大總持寺 (大莊嚴寺) 和青龍寺。城外則以通化門外由大太監魚朝恩宅改建的章敬寺最為知名。[4] 在這所有的寺院中，唯有青龍寺是我的心頭好。青龍寺地處城東南新昌坊內，寺北門正好位於樂遊原的地勢

1 湯用彤《隋唐佛教史稿》，武漢：武漢大學出版社，2008 年。
2 〔唐〕釋道世《法苑珠林》。
3 《唐大詔令·政事·道釋》武宗「拆寺制詔令」。
4 孫昌武《唐長安佛寺考》，《唐研究》第二卷，北京：北京大學出版社，1996 年。

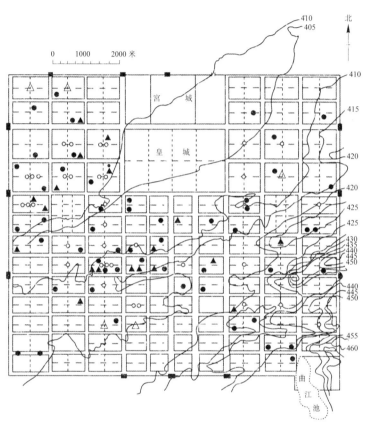

圖 22-1　隋大興城寺院分佈圖
（龔國强《隋唐長安城佛寺研究》，文物出版社，2006 年）

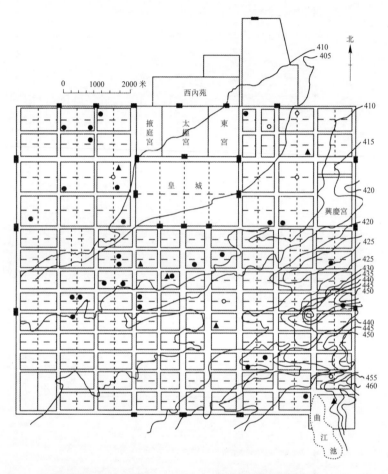

圖 22-2 唐天寶十四年（755）前長安新增佛寺分佈圖
（龔國強《隋唐長安城佛寺研究》，文物出版社，2006 年）

最高點。青龍寺「北枕高原，前對南山，為登眺之絕勝，賈島所謂『行坐見南山』是也」。[1]登臨此寺，北可將長安街坊盡收眼底，南可觀終南山之蔥蘢，處鬧市却能享山景，妙不可言。賈島曾寓居青龍寺。於是他知道，若想看到寺內最美的月色，需等到空中雲彩散盡之時，他欣喜地寫道：

「擬看青龍寺裏月，待無一點夜雲時。」[2]由於地處高塏，佈局開敞，利於西風悄悄穿過佛閣，為眺望秀麗南山的客人帶來一陣涼意。[3]白居易曾在某個早夏的傍晚造訪青龍寺。其時恰逢雨後，他站在寺門外的樹蔭下，只見景氣清和，夏雲嵯峨，殘鶯的叫聲飄入耳中，一派讓人沉醉的氛圍。[4]及至深秋，青龍寺褪去夏日的清麗，將沉靜的美披在身上，秋意漸濃，心思漸靜，青龍寺巍峨的佛閣立於青山的背景之中，紅葉撒滿了寂靜的僧廊。[5]

青龍寺美在景色清麗，大安國寺最讓人津津樂道的是寺內的紅樓。大安國寺原為睿宗李旦的王府，佔了長樂坊三分之二的面積，是距離宮城最近的寺院。紅樓原為王府舞榭，改為佛寺後仍然存留。同樣是深秋時節，寺內的柿葉被秋風吹紅，碧空如洗之下，紅葉與紅樓相得益彰，色彩甚是疏朗。[6]

西明寺的牡丹艷絕長安。西明寺位於延康坊西南隅，曾為魏王李泰舊宅，玄奘是其首任上座。白居易曾來此賞牡丹，同時思念他

1　〔宋〕張禮《遊城南記》。

2　〔唐〕賈島《題青龍寺》。

3　〔唐〕劉得仁《秋晚與友人遊青龍寺》：「高視終南秀，西風度閣涼。」

4　〔唐〕白居易《青龍寺早夏》。

5　〔唐〕朱慶餘《題青龍寺》：「青山當佛閣，紅葉滿僧廊。」

6　〔唐〕李益《詣紅樓院尋廣宣不遇留題》：「柿葉翻紅霜景秋，碧天如水倚紅樓。」

的元九。[1] 元九則稱讚西明寺牡丹「花向琉璃地上生，光風炫轉紫雲英」，[2] 真真是目眩神迷呢！西明寺四周被青槐環繞，水系從寺內穿過，「青槐列其外，淥水亙其間」，寺內「廊殿樓台，飛驚接漢，金鋪藻棟，眩目輝霞」。[3] 寺廟殿堂以及店內像幡皆妙極天仙、巧窮鬼神。[4]

西明寺有十餘個院落，四千多間房屋。這是唐朝寺院的常態——由眾多院落組成的龐大建築群：「隋唐之制，率皆寺分數院，周繞迴廊。」[5] 院四周被一圈圍廊環繞，如白居易有詩云：「南龍興寺春晴後，緩步徐吟繞四廊。」[6] 院落分主院和別院，主院通常是寺院最重要的建築——佛殿的所在地。佛殿前有塔，或位於中軸線上，或左右並立，殿前兩側對稱設置鐘樓和經樓。佛殿之北有重閣，高度通常達百尺，佛閣內供有高大的佛像，人們也可以登閣遠望。

於是，你從南側三門（取三解脫之意）走進一座唐朝寺院，欣賞完雄渾蒼勁的大殿，線條舒展的屋頂上琉璃瓦當折射出的光影讓你目眩神迷。樹影之下，水系交錯間形成的蓮池更是清幽迷人，說不定還能撞見一隻信步池邊的鶴。你抬頭看看參天的佛塔和樓閣，那時候空氣總是清新的，有藍天做襯，鳥鳴助興，你偶爾也會登上去遍覽街景，作詩感歎一下帝京風華……這都是文人的雅好。我悄悄告訴你，市民還有另外一種享受寺院的樸素方式。

1　〔唐〕白居易《西明寺牡丹花時憶元九》。

2　〔唐〕元稹《西明寺牡丹》。

3　〔唐〕慧立、彥棕《大慈恩寺三藏法師傳》。

4　〔唐〕釋道世《法苑珠林》。

5　梁思成，《梁思成文集》（一），北京：中國建築工業出版社，2010 年。

6　〔唐〕白居易《南龍興寺殘雪》。

　　那就是聽俗講和看戲。

　　回到主院的中軸線上。大部分寺院在佛殿之後設有講堂，講堂也可以獨立成院。為容納數以千計的聽眾，講堂的規模通常很大，其建築的精美程度可以比擬佛殿。僧道氤曾在青龍寺講道，「四海向風，學徒鱗萃，於青龍寺執新《疏》，聽者數盈千計，至於西明、崇福二寺，講堂悉用香泥，築自水際，至於土面，莊嚴之盛，京中甲焉」[1]。僧人正是在這裏對市民講道，區分於僧講，是為俗講。俗講便是將佛經中的故事以通俗易懂的方式講給大眾聽，起到傳播教義的作用。俗講在長安十分受歡迎。《太平廣記》記載有「櫻桃青衣」的故事，天寶初年，曾有落魄書生看到一精舍中有僧開講，聽者甚眾。唐敬宗曾親臨興福寺聽當時的大德文淑俗講。[2]文淑是長慶年間長安俗講第一人，據稱他「善吟經，其聲宛轉，感動里人」，走紅時間長達二十餘年。[3]當時俗講主要的文本是《華嚴經》《妙法蓮華經》和《涅槃經》。俗講的文字就是大白話說唱，且唱多於說，如《敦煌變文集》卷五《妙法蓮華經講經文》所記，基本可以理解為佛教主題的說書了。

　　「大王告仙人：我見如今人，終日懷嗔喜。個個美順言，人人愁逆耳。貪財何日肯休，愛色幾時能止……大王臨行，別其慈母，兼及太子臣寮。更與后妃公主：今欲辭違，願垂允許。公主聞兮苦死留連，慈母見兮殷勤安撫，后妃悲啼，臣寮失緒。人人交仙者却回，個個願大王不去。夫人聞言，泪流如雨。」

　　除了俗講受人追捧之外，去寺裏看戲亦是當時風潮。長安的戲

1　〔宋〕贊寧《大宋高僧傳》卷五《唐長安青龍寺道氤傳》。

2　〔宋〕司馬光《資治通鑒·唐紀五十九》。

3　〔唐〕段安節《樂府雜錄·文漵子》。

場大部分設在寺院內，其中以大慈恩寺的最為著名。據錢易《南部新書》記載，「長安戲場，多集於慈恩，小者在青龍，其次薦福、永壽」。戲場內有歌舞、西域幻術、雜技等表演，在一些重要的節日如中元節、上巳節，以及舉辦無遮大會、齋會等佛教活動期間，寺院中會有百戲表演，引來觀眾如潮。唐宣宗萬壽公主的小叔子病危，皇帝派人去探視，發現公主不在，於是問「公主去哪兒了」。答曰：「在慈恩寺戲場。」皇帝大怒。[1] 足見當時去寺院觀戲有多受歡迎。

宮殿進不得，王府進不得，寺院却總是進得的。那些由皇親國戚舍宅立的寺院，更是從此把大門打開了給人觀賞，那些花團錦簇，那些珠光寶氣，公主、王爺的神祕園囿變成了市民可以踏足之地。若是僧人，有你一方清修之所；若只是尋個去處，這裏集中了建築、壁畫、園林、牡丹、登高……一切你能想像到的、可以欣賞的光景。當然，還有禮佛，盂蘭盆節、無遮大會人氣總是那麼旺，也有些尋求熱鬧的嫌疑。由不得人們愛上在寺院消磨光陰。曲江只有一處，寺院才是坊間觸手可及的公共空間。佛殿的屋脊是長安天際線的亮色，佛寺的所有元素則組成了長安人的社會生活。

武宗會昌三年（843）夏天，段成式不滿於韋述《兩京新記》裏的語焉不詳，自己拉着兩個好友鄭夢復和張善繼去探訪了自興善寺始、慈恩寺止、朱雀門大街以東的二十多所寺院。到他大中七年（853）任外職歸京之時，這些寺廟大部分均在會昌五年的滅佛事件裏化為瓦礫。其時友人已逝，他根據回憶在《酉陽雜俎》裏特起兩卷《寺塔記》，筆下並非只是那些造像、壁畫、佛塔，而是曾經丈量過的光影。他說興善寺曾經有水池，寺內素和尚院四棵梧桐樹到

---

1 〔宋〕司馬光《資治通鑑·唐紀六十四》。

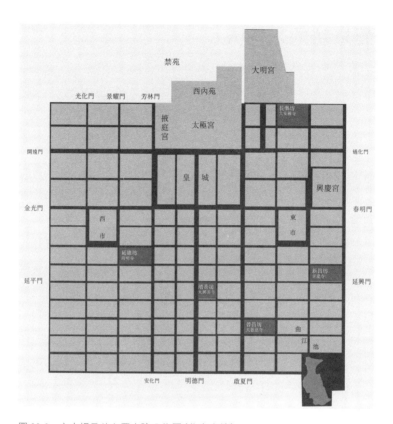

圖 22-3　文中提及的主要寺院分佈圖（作者自繪）

了夏天就流下汁水，弄髒人衣衫，洗都洗不掉。他還說常樂坊的趙景公寺東門壁上，有吳道子畫的《地獄變》，觀看此畫時會覺得毛髮倒豎，是吳道子最得意的作品之一。

段成式說，「當時造適樂事，邈不可追」。同樣的樂事，流連在我的筆尖。即使隔了一千餘年，仍不禁心頭愴然。

醴泉坊的米國人

　　唐武宗會昌三年（843）正月二十八日，左神策軍軍容衙，二十一個外國僧人心情複雜地吃茶。此時天氣依然寒冷，軍容衙的茶自然既不講究也不可口，說不定根本就懶得細細去煎，只是潦草用開水沖了了事，但好在可以抵禦些許寒冷。

　　這裏面包括日本留學僧圓仁，還有青龍寺南天竺三藏寶月等五人，興善寺北天竺三藏難陀一人，慈恩寺獅子國僧一人，資聖寺日本國僧三人，以及新羅國和龜茲國的一眾僧人。時值唐武宗李炎大肆滅佛，不同於對本國僧人「殺殺殺」的狠辣，朝廷對外國僧人的態度倒是緩和許多。怕他們受驚嚇，把他們接過來。任外面血光參天，獨這裏歲月靜好，膚色各异的僧人們，就這麼圍坐着吃茶。

　　圓仁（793—864）來自京都比睿山，是最澄大師的弟子，於唐文宗開成三年（838）跟隨第十八次遣唐使的船以請益僧身份入唐，在長安生活了四年十個月（840—845）。圓仁來唐時，唐朝管理外國留學僧的部門是左右街功德巡院。剛到長安的第一晚，他寄住在長安第一大寺——位於靖善坊的大興善寺西禪院。第二天；他前往左街功德巡院遞交通狀，申請在長安留學的許可證。第三天為了辦理相關手續，入住大明宮內的護國天王寺。最終得到官方許可，正式落脚於崇仁坊東南角的資聖寺。圓仁的前輩空海（774—835）當年住在青龍寺東塔院，師從宗師惠果學習密教法義。空海是那個時

代的精英留學生，他於唐德宗貞元十年 (794) 入唐，只在長安待了
一年零八個月，在惠果門下近六個月。這六個月期間，他跟隨惠果
學習密宗金剛界、胎藏界，最終得到惠果的密宗阿闍梨佛法灌頂，
賜予「遍照金剛」的法號，成為密宗第八代座主。他還跟隨晚唐書
法名家韓方明學習書法，書法水平得到皇帝的欣賞，評價說能夠媲
美王羲之。在日本國內，空海和同樣留學長安、師從柳宗元的橘逸
勢，以及嵯峨天皇並稱為日本的書法「三筆」。

他們想家嗎？那是必然的。702 年入唐、因善圍棋受到玄宗賞
識的日本僧人弁正這麼寫道，「日邊瞻日本，雲裏望雲端。遠道勞
遠國，長恨苦長安」。[1] 他們把故鄉也帶在身邊。日本僧人圓載和圓
仁同年入唐，他將從家鄉帶來的金桃種在自己於長安栖身的寺院
中，「禪林幾結金桃重」。[2]

圓載在長安待了三十九年。公元 877 年，他帶着自己從大唐
蒐集的幾千冊經典坐唐商李延孝的船回國，途中遇到大風浪，他
和書卷都留在了海裏。那麼多期盼，那麼多年光陰，却終不得重
返故土。

這些來自日本的學問僧或是請益僧，留學前就已接受良好的漢
文、梵文和佛典教育，在長安時能迅速進入狀態、潛心修習，回國
後紛紛成為一派宗師。然而有一段時間，他們都是長安人。

新羅人想要的更多。他們想當官。

與日本相比，新羅與唐的關係更為緊密，是政治隸屬關係。

1　[日] 弁正《在唐憶本鄉》，《懷風藻》。

2　〔唐〕顏萱《送圓載上人》。

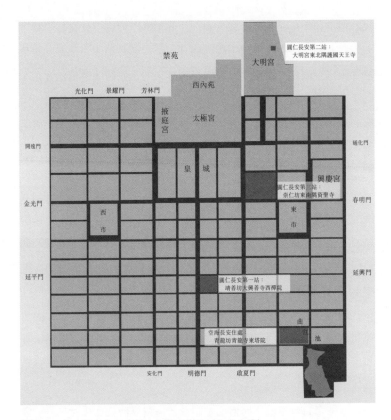

圖 23-1　文中提及的日本僧人主要分佈地（作者自繪）

新羅嚴格的骨品制[1]阻斷了一部分人上升的通道，來長安鍍一層金成為他們跨越出身的一條捷徑。穆宗長慶元年（821），詔令允許外國留學生參加科舉考試，並且專為他們安排了一條通道「賓貢進

1　骨品制：依據血統的身份等級制度，王室為「聖骨」「真骨」，只有這兩骨才能任職高級官吏。往下為六至一頭品，其中一般貴族為六至四頭品，平民為三至一頭品。

士」，即指留學生進士。首位賓貢進士便是長慶元年登科的新羅人
金雲卿。來唐求學的新羅人絡繹不絕，自太宗貞觀年間到五代時
期，總共有兩千人之多（日本一共才一千人左右），同一時期在長安
最多能有兩百人。[1]

這兩百人裏，一部分是王室子弟，被稱為「宿衛學生」，即公
派留學生。金雲卿作為第一姓「聖骨」，當在其列。另一部分，則
是來長安尋求曲線升遷途徑的「六頭品」，即一般貴族子弟。崔致
遠便是其中一員。崔致遠生於慶州，十二歲那年自費來唐留學，出
發之前父親對他說：「你十年之內要是考不上進士，便不是我的兒
子！」帶着這樣的期許，崔致遠僅用了六年，在唐僖宗乾符元年
（874）便考上了進士。及第之後，他並沒有馬上回國，而是留在唐
朝長達十二年。

在長安的新羅留學生們如魚得水，沒有膚色與文化上的隔閡，
他們和一般唐朝士子無异，吟詩作賦，娶妻生子。他們就是長安人。

隋朝末年，來自于闐的尉遲跋質那和尉遲乙僧父子，以質子的
身份抵達長安。

質子必須是外邦的王室子弟才能擔任，作為向大唐示好的條
件，他們一代又一代地來到長安。這是政治的選擇，却造就了許
多人的宿命。尉遲一家人住在朱雀大街以西的居德坊，[2] 他們有繪畫
的特長，被稱為「大小尉遲」。其中，尉遲乙僧的名聲鼎盛於唐貞
觀年間，與閻立本並列，連吳道子都深受其影響。尉遲乙僧善攻鬼
神，凹凸畫法獨樹一幟。凹凸畫法源自印度，是一種用暈染的方式

1　嚴耕望《新羅留唐學生與僧徒》，《嚴耕望史學論文集》，上海：上海古籍出版
　　社，2009 年。

2　〔唐〕張彥遠《歷代名畫記》。

塑造立體效果的方法。凸出來的顏色深，凹進去的顏色淺，因此有了層次，遠看是立體的，近看却是平面。凹凸畫法塑形，大量使用西域獨特的青石色提神。尉遲乙僧畫筆下的鬼神奇形异貌、精妙絕倫，段成式曾讚歎他筆下的魔女栩栩如生，仿佛身體從壁畫中鑽出來一般（「身若出壁」）。[1]

尉遲乙僧的作品有大慈恩寺塔前功德，又有凹凸花面中間千手眼大悲，妙不可言。還有光澤寺七寶台後面的降魔像，千怪萬狀。都是十足的异國風情，而非中華風格。

像他這樣的胡人畫家，還有來自康國的康薩陀。康薩陀同樣活躍於唐朝初年，善畫异獸奇禽畫，「初花晚葉，變態多端，异獸奇禽，千形萬狀」。他們從西域的風沙中來，高鼻深目，在寺廟裏堅持勾勒出故鄉鬼神的模樣，却從此作為長安人終老。

醴泉坊是西市北邊的第一個坊。

高宗永徽二年（651），波斯薩珊王朝被大食所滅，末代國王伊嗣俟三世死於大食人之手。身負血海深仇的王子卑路斯逃亡至大唐，奏請在醴泉坊修了一座波斯胡寺，位置在坊內十字街東南角。卑路斯和他兒子泥涅斯幾經波折，最終均未能成功復國。卑路斯憤憤不平地死於吐火羅，泥涅斯則客死長安。卑路斯還出現在唐高宗乾陵外的石像生中。卑路斯的哥哥阿羅憾曾作為大唐的使節出使拂菻國（拜占庭帝國）。

波斯薩珊王朝綿延四百餘年，國土一度有 560 萬平方公里，勢力最大之時可與羅馬比肩。薩珊貴族習慣在封閉的野生動物園裏面狩獵，那裏是他們的「天堂獵場」。他們穿着聯珠紋錦袍將箭射入

---

1 〔唐〕段成式《酉陽雜俎‧寺塔記》。

野獸體內，野獸脚上繫着皇家狩獵專用飄帶。精緻的生活已被大食鐵蹄踏碎，如今只能在陌生的國都仰人鼻息，被封右武衞將軍有何用？他們想念首都泰西封，可是就連森木鹿[1]都無法把他們帶回故鄉。

和心心念念要復國的王子們不同，長安有的是生意做得紅紅火火的波斯人。唐代有俗語列舉了十樣不相稱的東西，包括瘦人相撲、先生不識字、醫生生病，以及窮波斯。[2]波斯人左手販入西域的珠寶，右手賣出大唐的絲綢。他們怎麼可能窮呢？不可能。

來自波斯、大食、回鶻、突厥、粟特等地的商人，組成了長安城裏最為詭譎又遭人冷眼的群體——胡商。

胡商湧動在西市的酒肆，出現在唐人那些光怪陸離的故事裏。主要內容逃不開這樣一個看起來有些乏味的「胡人拾寶」經典套路：某人得到一個寶貝而不自知，却遇到了一個胡人，死纏爛打非要花百萬重金買這個寶貝。買到之後又通過很驚悚的方式帶回去，比如嵌到腿上的肉裏，或是吞進肚子裏。這些故事裏的胡人想來都帶着一種極度八卦的表情：「哎呀，你可不知道，這是個寶貝哩！」

説話時，他們碧綠的眼睛嵌在深深的眼窩裏，閃着詭譎的光，唐人嫌棄他們的眼神愁苦，却偏偏還抓住他們有錢的人設不放。可如果真心要買，為什麼要説出寶貝的真實價值呢？是因為自己真的特別有錢嗎，還是有一種過於實在的憨傻？

胡人就是看准了做生意來的。故鄉形勢多舛，中國人自己又鄙視經商，把賺錢的空間拱手留給了他們。除了倒賣珠寶、藥材、絲綢，他們還賣食品，比如烤饢（胡餅）、抓飯（畢羅）。故國的榮辱，

1　森木鹿是薩珊波斯和粟特藝術中常見的神獸。

2　舊題〔唐〕李商隱撰《義山雜纂》。

於這些小民似乎沒太多關係,在他們與家鄉親人的往來信件中傳遞出的信息,無非是「這裏有錢掙,速來」,然後踏踏實實地做他們的長安人。在唐人同樣熱衷的鬼怪故事裏,坊門開之前,總會有一個胡人點燃爐火,烙餅。

粟特人的故事最多了。

在中亞阿姆河和錫爾河之間,在撒馬爾罕、布哈拉和片治肯特這些綠洲城邦,居住着「絲綢之路」上最會做生意的粟特人。粟特是一個統稱,康、安、曹、石、米、何、火尋、戊地、史九個姓氏分別經營自己的城邦國家,稱為「昭武九姓」。那裏的土地肥沃,適合耕種,出產良馬,國人嗜酒,喜歡歌舞於道。國王戴氈帽,帽上裝飾有黃金珠寶。女子盤髻,罩着點綴有金花的黑巾。粟特人擅長經商,年滿二十歲便去外國經商,有利益的地方就少不了他們的身影。[1]

和波斯人一樣,粟特人也崇拜四手托日月、腳踏雄獅的娜娜女神。在康國的撒馬爾罕,商人們的豪宅修得鱗次櫛比,卻對自己的經商身份閉口不提,在住宅大廳的壁畫上把自己畫成高貴矜持的貴族模樣,和突厥人、白匈奴人、唐人相談甚歡。胸懷世界的何國國王有一座重樓,樓的北壁繪有中國皇帝,東突厥、婆羅門,西波斯、拂菻諸王,每天早晨,國王都要拜一拜四方君王。而撒馬爾罕大使廳的兩面壁畫,一面屬狩獵的唐高宗,一面屬泛舟扔粽子的武則天。

在他們的世界裏,從來都有參照系,不是只有自己。從撒馬爾罕到長安,康國人的胡騰舞旋轉不停,石國人的柘枝舞奪人心魂,

---

1 《新唐書·列傳第一百四十六》:《西域列傳下》。

唐太宗的御苑裏種上了撒馬爾罕的金桃。粟特人在諸國之間遊刃有
餘，他們是商人、是使臣，在唐人幾乎是臉譜化的敘述背後，他們
樂得逍遙，不吟詩作賦，不祈求功名，是特別想得開的外國人。

哪裏有粟特人，哪裏就有祆祠。祆教並不傳教，只是把祆祠建
在信徒聚集的地方而已。

祆教，即瑣羅亞斯德教，又稱拜火教，最早是薩珊波斯的國
教，後傳遍整個中亞。祆教的最高神善神為阿胡拉‧馬茲達，他和
惡神安哥拉‧曼紐是死對頭，他們分別代表光明世界和黑暗世界，
不斷地進行鬥爭。祆教以火為唯一崇拜的對象，禮拜聖火是其最重
要的儀式。祆祠內除了有聖火壇（或是燃燈），在祈禱之日還會有幻
術表演。

幻術表演相當駭人。祆主（祆祠的管理人員包括薩寶、祆正、
祆祝和薩寶府長史）在一番供奉歌舞過後，掏出一橫刀刺入自己腹
內，刀刃從後背穿出，噴口水就平復如常。或是拿一根大鐵釘從額
頭穿入、腋下穿出，在祆神前跳上一支舞，拔出鐵釘，一點事都沒
有。像這樣的祆祠在長安共有五處，分別在布政坊西南隅、醴泉
坊西北隅、普寧坊西北隅、靖恭坊街南之西和崇化坊[1]。除了靖恭坊
外，其餘的坊均在朱雀大街以西。

仍保留着聚落生活習慣的胡人們，就這樣聚集在以醴泉坊和西
市為中心的街西，這裏的胡風幾乎衝破天際。

米國人米繼芬就住在醴泉坊。

米繼芬是米國質子。米國是粟特昭武九姓中的一個小國，首都

---

1 布政坊西南隅、醴泉坊西北隅、普寧坊西北隅、靖恭坊街南之西祆祠：見
〔宋〕宋敏求《長安志》；崇化坊祆祠：見〔宋〕姚寬《西溪叢語》卷上。

鉢息德城位於撒馬爾罕以東六十公里。

公元七世紀的中亞戰火彌漫，大食鐵蹄從薩珊波斯踏向昭武九國 (642 年大食徹底打敗薩珊王朝，651 年薩珊波斯國亡)。高宗永徽年間 (650—655)，米國被大食所破後一路動盪，先是為自保投奔西突厥。顯慶三年 (658)，米國改宗唐朝，以其地為南謐州，授其君昭武開拙為刺史，自此朝貢不絕。開元年間 (713—741)，獻璧、舞筵、獅子、胡旋女。然而大食人仍在攻城略地。大食名將屈底波率軍隊一路征服安國 (709)、康國 (712)，其餘諸國紛紛向唐朝求救，派使者進貢長安，並以王室子弟作為質子，以保兩國關係永不破裂。

在這樣的背景下，公元 8 世紀初，還是少年的米繼芬隨父親突騎施入質長安，在神策軍做個閑職，他的兒子米國進後來也是如此。米氏一家却不是祆教徒，他們信仰景教。米家的小兒子思圓便是一名景教僧人。景教由波斯僧人阿羅本於貞觀十二年 (638) 帶入長安，在義寧坊修有大秦寺一所，離醴泉坊只有一條街的距離。思圓極有可能是在此出家。[1]

如果你在冬天走進公元 8 世紀初的醴泉坊，將有機會目睹一場瘋狂的潑寒胡戲。大鼓、小鼓、琵琶、五弦、箜篌、笛聯合奏出激昂的音樂，旋律起初緩慢，後轉為躁動，讓人除了跟着音樂舞動，沒有其他辦法，人們戴着獸面面具，袒露上身，以水互相潑來潑去為樂。潑寒胡戲起源於康國，每年十一月舉行，人們認為這樣通過鼓舞乞寒可以消除病災。潑寒胡戲自南朝時便已傳入中國，到則天末年開始時興，每逢番夷入朝時，亦會將其作為迎接外賓的節目。

1　亦有學者考證卑路斯所設立的波斯胡寺也是景教寺院。

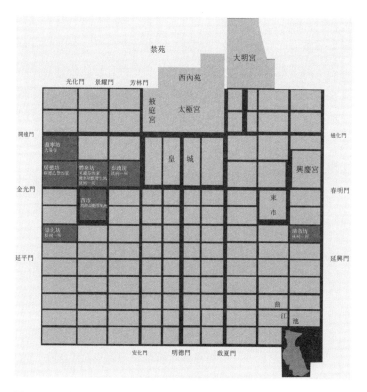

圖 23-2　文中提及的胡人主要分佈地（作者自繪）

中宗曾親臨洛陽城南門城樓觀賞，景龍三年 (709) 十二月乙酉，還令諸司長官前往醴泉坊觀看潑寒胡戲。

　　米繼芬却未曾在醴泉坊目睹潑寒胡戲。因為先天二年 (713)，玄宗聽從張説的建議，下令禁止潑寒胡戲，其配樂《蘇幕遮》、舞蹈《渾脱》却留了下來。胡樂胡舞什麼的，怎麼可能在長安停得下來？樂舞不相離，分健舞、軟舞兩種。[1] 來自西域的樂舞中，《春鶯

1　〔唐〕段安節《樂府雜錄·舞工》。

囀》《蘇合香》《撥頭》等屬軟舞，《胡騰》《胡旋》《柘枝》等則是健舞。胡騰出自石國，舞者「肌膚如玉鼻如錐」，[1]起舞之前，舞者會微微下蹲，用本國語言致辭。然後在橫笛與琵琶的伴奏下起舞，舞步急促，胡帽上的明珠隨着閃耀，腰間葡萄圖樣的帶子翻飛如燕。胡旋舞出自康國，米國、康國都曾向唐朝獻過胡旋女。胡旋舞疾轉如風，舞者穿緋襖、錦袖，綠綾渾襠褲，赤色皮靴，弦鼓一響，舉手起舞。

胡旋女不只在宮禁內、權貴家的筵席之上旋轉，很多人對西市酒肆的胡姬念念不忘。李白便曾多次享受到胡姬的服務，「雙歌二胡姬，更奏遠清朝」，「胡姬貌如花，當壚笑春風。笑春風，舞羅衣，君今不醉欲安歸」，「細雨春風花落時，揮鞭且就胡姬飲」。她們多是由胡商從西域販賣過來的女奴，從西市的口馬行花二百五十匹練的價格便可買來。裝點了別人春風得意的夜晚之後，並沒有人寫下她們真切的生活。只有一些關於那些如花笑靨背後落寞的猜測，「捲髮胡兒眼睛綠，高樓夜靜吹橫竹。一聲似向天上來，月下美人望鄉哭⋯⋯寒砧能搗百尺練，粉淚凝珠滴紅線。胡兒莫作隴頭吟，隔窗暗結愁人心」[2]「手中拋下葡萄盞，西顧忽思鄉路遠」。[3]

還曾有一個叫曹野那姬的胡旋女，跳入了玄宗的懷中。野那，一個常見的粟特人名字，粟特語原意為「最喜歡的人」。她的女兒名叫蟲娘，被封為壽安公主。玄宗好胡樂，善打羯鼓，看過一個著名的安姓粟特胖子跳胡旋舞。玄宗曾在宮中修有涼殿，座後水激扇

1　〔唐〕李端《胡騰兒》。

2　〔唐〕李賀《龍夜吟》。

3　〔唐〕劉言史《王中丞宅夜觀舞胡騰》。

車，四隅積水成簾，即使是盛夏之時，其中依然涼氣襲人。[1]

在拂菻國，也就是東羅馬帝國的首都君士坦丁堡，便建有同款涼殿，「至於盛暑之節，人厭囂熱，乃引水潛流，上遍於屋宇，機制巧密，人莫之知。觀者惟聞屋上泉鳴，俄見四檐飛溜，懸波如瀑，激氣成涼風，其巧如此」。[2]

這樣的故事講上若干個回合都講不完。就不說在圓仁來長安之前許多年，鑒真就把蘇幕遮舞帶到了日本，日本人把野獸面具換成了蓑笠，跳舞的時候也會帶有踩水的動作。地球被來回繞了許多圈，最後總會匯到一點。當這些人、事、物融合在一起時，發現不管隔了多久、多遠，彼此之間有過不可思議的聯繫，又何必分什麼軒輊。不管是粟特人曹野那姬的夫君玄宗的東羅馬帝國同款涼殿，還是胸懷世界的何國國王，把唐高宗和武則天畫在自家壁畫上的撒馬爾罕貴族，抑或是輾轉復國的波斯王卑路斯，西市里以放高利貸而臭名遠揚的回鶻人……還是九十二歲葬在長安醴泉坊的米繼芬。長安包容了他們，他們也把遠方帶進了長安。他們帶着各自的心事，在同樣一輪月下，共同默念過一個城市的名字。

（參見彩圖 23-1、彩圖 23-2）

1　〔宋〕王讜《唐語林》卷四。

2　《舊唐書·列傳第一百四十八·西戎》之「拂菻」。

盛唐的雪

公元 876 年，巴士拉商人伊本·瓦哈布向他的同鄉阿布扎伊德這樣描繪朱雀大街以東的這片區域：「皇帝和他的宰相、軍隊、最高法官、宮裏的宦官及家臣等，住在右邊的東半個街區，不跟普通民眾混住，那裏也沒有市場。而且這個地區的街道邊有水渠，流着清澈的水，旁邊栽種着整齊的樹木，宅邸鱗次櫛比。」[1]

城東北是長安城最貴氣的區域。由於緊鄰大明宮和興慶宮，加之地勢高爽，開元之後各類甲第逐漸在此聚集。甲第，即豪華住宅，「甲第並列，京城美之」，一個叫韋述的甲第主人在他的書《兩京新記》裏這麼描述道。這些甲第的擁有者們，要麼是皇親國戚，要麼是官僚貴族。甲第大多可以在坊牆上當街開門，且佔地面積廣袤，有的甚至近半坊之地。按唐《營繕令》的要求，王公按規制可以修建重栱藻井、面闊五間進深九架的高大殿堂。試想一個春和景明的下午，碧空如洗，通衢大道兩側的綠槐掩映間，長安城最壯麗的豪宅們的雄渾屋檐舒朗探出，像是要一路綿延下去，直到與遠處青山的輪廓連成一片。有的甲第甚至修有三重樓閣，如唐中宗與韋皇后的長女長寧公主的宅邸「作三重樓以馮觀」[2]。這些甲第遙望壯麗猶如天庭，它們面闊三間、進深五架的歇山頂烏頭門交相出現於

---

1 榮新江《高樓對紫陌，甲第連青山——唐長安城的甲第及其象徵意義》，《中華文史論叢》2009 年第 4 期。

2 《新唐書·列傳第八》。

主宰長安街景的坊墻上，大門緊閉。對於一般市民來說，宮殿無法窺探究竟，寺廟人來人往已失却神祕，唯有這裏目之所及却難以靠近。

城東北作為甲第聚集區的兩個歷史節點，一是大明宮的建成投入使用，二是捨不得自己王府的玄宗擴建了一個興慶宮。興慶宮是玄宗在藩舊邸，當時他和寧王、岐王、薛王、申王兄弟五人一起住在那裏，被稱作「五王宅」。玄宗登基之後，將五王宅改為興慶宮，於開元十六年(728)從大明宮移至興慶宮居住聽政，又在興慶宮附近賜第，讓兄弟們宅第相連，環繞宮側。岐王李範的王府位於

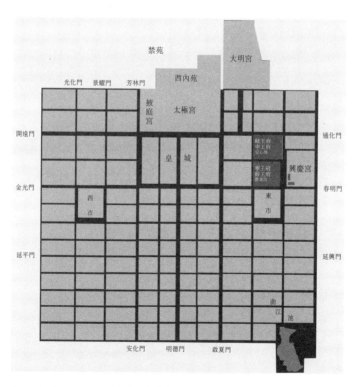

圖 24-1　五王宅分佈圖（作者自繪）

安興坊東南隅，緊鄰着興慶宮的西宮牆。申王也住在安興坊，寧王和薛王住在安興坊以南的勝業坊。

　　興慶宮宮城東西寬 1080 米，南北長 1250 米，通過夾城複道北與大明宮、南與曲江相連接。宮城分為南北兩部分，北部為宮殿區，分佈有興慶殿、大同殿、南熏殿等建築；南部為以興慶池為中心的園林區。興慶池東北有沉香亭，亭前種有紅、淡紅、紫、純白四種顏色的芍藥，以及一種早上是深紅色，中午變成深碧，暮則深黃，夜則粉白的神奇花卉。玄宗和貴妃經常在這裏設宴賞花，「名花傾國兩相歡，常得君王帶笑看。解釋春風無限恨，沉香亭北倚欄杆」，李白《清平調》寫的正是這裏。

　　位於興慶池西南的勤政務本樓與花萼相輝樓才是最吸睛的存在。勤政務本樓建於興慶宮南宮牆附近，用於理政；花萼相輝樓建於西宮牆附近，用於宴樂。兩樓均修建於開元八年 (720)，擴建於開元二十四年 (736)，擴建的時候毀了東市東北角和道正坊西北，使得兩樓能夠圍合出一個數萬平米的開闊廣場。兩樓之間通過「日」字形長廊相連接，從長廊二層可以穿行兩樓，與宮牆無礙。

　　花萼相輝樓的名字取自《詩經·棠棣》，「棠棣之華，鄂不。凡今之人，莫如兄弟」。玄宗兄弟五人感情深厚，當年在祖母武則天高壓之下便同住於洛陽積善坊，到長安後繼續住於五王宅，其間風雲激盪驚心動魄，後又有寧王李憲讓皇太子位之事，患難間更見情深。

　　登上花萼相輝樓，可以遙遙看到函谷關上的雲，也能看清城西昆明池邊的樹。[1] 花萼相輝樓高一百二十唐尺（約 35.3 米），共

1　〔唐〕高蓋《花萼樓賦並序》：「幸夫花萼之樓……遙窺函谷之雲，近識昆池之樹。」

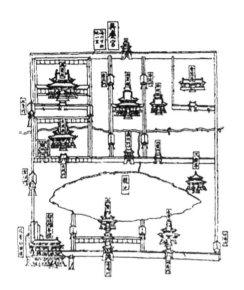

圖 24-2 〔宋〕呂大防興慶宮石刻
(竇培德、羅宏才《唐興慶宮勤政務本樓花萼相輝樓復原初步研究》,《文博》,
2006 年)

圖 24-3 《陝西通志》興慶宮圖
([日]平岡武夫主編《唐代的長安與洛陽(地圖篇)》,上海古籍出版社,1991 年)

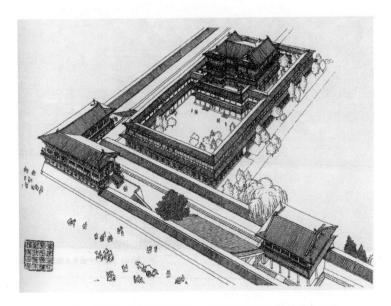

圖 24-4　唐興慶宮遺址新建花萼相輝樓、勤政務本樓與角樓復原鳥瞰圖
（楊鴻勛《宮殿考古通論》，紫禁城出版社，2009 年）

有三層，「仰接天漢，俯瞰皇州」。[1] 從一樓外面的樓梯登上二樓，
在樓梯拐彎處看見樓門，走進去之後，二樓和三樓的樓梯均在室
內。二樓和三樓均為面闊七間、進深六間的超大空間，室內裝飾
「雕梁畫棟，金鋪珠綴，畫拱交映，飛梁回繞，藻井倒垂」。長
安城內在登高望遠的同時還能宴樂歌舞的，只此一處。玄宗經
常在這裏與群臣宴飲，歡樂往往在上元夜達到巔峰。其時，月
上南山，燈銜北斗，清歌齊升，妙舞連宵，是長安城最耀眼的
一處所在。

1　〔唐〕王《花萼樓賦》。

每當玄宗趴在花萼相輝樓的欄杆西望，只要聽到隔壁諸坊內諸王王府傳來樂聲，就會趕緊召兄弟們上樓同榻宴樂。玄宗擅長羯鼓，他的大哥寧王李憲則擅長吹笛——唐人張祜曾有「梨花深院無人見，閑把寧王玉笛吹」的詩句。唱和之間，一派兄友弟恭的和諧景象。諸王每日在側門朝見，他們歸宅之後或擊球鬥雞，或飛鷹走犬，或賞月賦詩，或奏樂痛飲，歡樂不絕於歲月——除此之外又能做些什麼呢？畢竟皇帝兄弟天天看着。寧王宅中有山池院，將興慶池西流引入並疏鑿屈曲，連環為九曲池。池上築土為基，壘石為山，植有松柏。其中分佈有落猿岩、栖龍岫，奇石异木、珍禽怪獸，又有鶴仙渚，殿宇相連，左滄浪，右臨漪。寧王經常與宮人、賓客飲宴垂釣於其中。[1]玄宗曾在花萼樓上津津有味地觀看群臣在寧王山亭宴樂，隨後把他們一起叫上來賞樂賦詩。

圖 24-5　勤政務本樓正面復原圖
（《唐興慶宮勤政務本樓花萼相輝樓復原初步研究》，《文博》，2006 年）

1　〔明〕何景明《雍大記》。

　　貴族生活充滿了一切讓人忍不住八卦的素材。作為盛唐時期最矜貴的親王之一，岐王李範無疑是長安坊間熱議的對象，關於他的傳聞諸如：每當冬天來臨之時，岐王會將手伸入妙齡妓女的懷中暖手，所謂「香肌暖手」。[1]再如，岐王宅內的竹林中懸有碎玉片子，入夜，每當聽到玉片子相觸之聲，便知道有風來了，因此稱之為占風鐸。[2]岐王精於音律，愛好收藏書畫古籍、結交文士，諸多文人墨客皆曾是岐王府的座上客。

　　而名門之後王維，據說便是從岐王府步入了長安的社交圈。

　　王維出身於太原王氏，母親則是博陵崔氏之後。初來長安之時，王維尚未到弱冠之年，他博學多藝，詩文、字畫、音律皆佳，受到長安貴族社交圈的熱烈歡迎，「凡諸王、駙馬、豪右、貴勢之門，無不拂席迎之，寧王、薛王待之如師友」。[3]成為王府的常客對寒門士子來說遙不可及，對他來說却再自然不過。這也是他進京的初衷。表面上是參加府試，實際上是為了獲得某位王子的支持，這是當時的貴族少年進入官場的一條公認軌跡。

　　開元初年，王維順利地進士及第。這期間他得到了幾位王子的支持，特別是岐王。他與岐王交從密切，曾跟隨岐王經過楊氏別業，「楊子談經所，淮王載酒過。興闌啼鳥換，坐久落花多。徑轉回銀燭，林開散玉珂。嚴城時未啟，前路擁笙歌」。[4]別業位於城

1　〔五代〕王仁裕《開元天寶遺事》：「岐王少惑女色，每至冬寒手冷，不近於火，惟於妙妓懷中揣其肌膚，稱為暖手，當日如是。」

2　〔五代〕王仁裕《開元天寶遺事》：「岐王宮中於竹林內懸碎玉片子，每夜聞玉片子相觸之聲，即知有風，號為占風鐸。」

3　《舊唐書·列傳第一百四十·文苑》之「王維」。

4　〔唐〕王維《從岐王過楊氏別業應教》。

外,意興闌珊之時,有鳥兒鳴叫着催促回城,而落花也紛紛鋪在身側。夜色下燭火產生一種銀色的光線,把曲曲折折的小路點亮,月光散落在樹林的間隙,像錯落的玉塊。一行人走到城下,發現城門還未開啟,索性繼續奏響了樂曲。

他還跟岐王一起夜宴衛家山池,「座客香貂滿,宮娃綺幔張。澗花輕粉色,山月少燈光。積翠紗窗暗,飛泉繡戶涼。還將歌舞出,歸路莫愁長」。[1] 又是冠蓋雲集,幔帳內活色生香,粉色的花瓣開在水側,山裏清冽的月光充當了燈火的角色,歌似乎永遠不會停止。亦曾跟隨岐王去九成宮避暑,「帝子遠辭丹鳳闕,天書遙借翠微宮。隔窗雲霧生衣上,卷幔山泉入鏡中。林下水聲喧語笑,巖間樹色隱房櫳。仙家未必能勝此,何事吹笙向碧空」。[2] 哪怕隔着窗戶,雲霧都彌漫到了衣衫之上。捲起幔帳,山泉映入對照的銅鏡之中。這般景致竟是比仙境還要勝出幾分了,又何必像王子喬那樣求仙呢?

堂,唐代住宅內最重要的建築。堂的四周被廊環繞,形成院落。人們會用最大的力氣來修建和佈置它。如虢國夫人宣陽坊府內的堂耗費達萬金;長安首富王元寶宅內的禮賢堂,用名貴的沉檀木為軒檻,以錦文石為柱礎,用碔砆(一種像玉的石頭)鋪地面——要知道皇宮無非也就用刻了花紋的地磚而已。[3]

因此位於安興坊的岐王府內,必須有一座美輪美奐的堂。堂內香氣縈繞,熏爐內裊裊燃着龍腦香,屏風上畫有穿着羽毛做的裙子的仕女,龍檀木雕成的燈奴穿着綠色衣袍,燭火映着這些貴人們數

1　〔唐〕王維《從岐王夜宴衛家山池應教》。

2　〔唐〕王維《敕借岐王九成宮避暑應教》。

3　〔五代〕王仁裕《開元天寶遺事》。

不清的旖旎夜晚。穿着五色羅衫，戴着胡帽銀帶的舞者跳起了《柘枝舞》，地衣四周壓了四個獅子或者大象模樣的鎮角香獸，裊裊噴出香氣。一曲舞罷，岐王拍拍手，在席尾的華服少年橫抱琵琶，從容奏上一曲《鬱輪袍》，王子公主們看得如癡如醉。

少年王維在朱雀大街以東如魚得水，他似乎就該擁有這樣的生活。進士及第後，他被任命為太樂丞，從事自己擅長的音樂工作，專管邦國祭祀所用的樂舞。然而沒過多久，他便因過失被貶到濟州當了個司倉參軍。到底是因為允許樂師表演黃獅子舞的過失，還是因為和親王們過從甚密觸了皇帝的龍鱗，不得而知。

再次回到長安之後，開元二十九年（741），四十歲左右的王維買下了宋之問在藍田輞川的別墅，並在此居住了將近十四年。

在南郊置辦別業的並非只有王維一人，京官加別業是當時官員的集體夢想。南郊樊川、藍田輞川和再往南的終南山谷口，是別業集中聚集之地。出樊川北岸之高地，距離終南山僅二十里，所謂「城南韋杜，去天尺五」，京兆韋氏和杜氏便在此居住。羅鄴《春日偶題城南韋曲》云，「韋曲城南錦繡堆，千金不惜買花栽。誰知豪貴多羈束，落盡春紅不見來」。這些別業往往規模龐大、陳設豪華。如元載的別業，「連疆接畛，凡數十所，婢僕曳羅綺一百餘人，恣為不法，侈僭無度」。[1] 雖位處城郊，別業仍是豪貴生活的延伸。不過換了個地方，藉着城內沒有的山林景色繼續宴樂罷了。

「終南與清都，煙雨遙相通。」[2] 出長安城東南角的啟夏門，穿

1　《舊唐書·列傳第六十八》之「元載傳」。

2　〔唐〕李商隱《李肱所遺畫松詩書兩紙得四十韻》。

越樊川，一路經過韋曲、杜曲，到達神禾原，神禾原背後是南山山谷，再往南看，若是遇到一場未盡的小雨，煙雨濛濛之間，依稀可以看到雨霧籠罩的青山輪廓，那便是長安人總在眺望的終南山了。

終南山就是長安人的桃花源。《全唐詩》中提及終南山的詩總共有四百多首。這種想像恰恰說明了長安的無法割捨——難道青山綠水僅此一處？何不乾脆一點，走得更遠一些？不過因為在終南山能望見長安罷了。兩相對望，城內的人望見的是南山的雲霧和或許會擁有的閑適心境，山裏的人北望，滿目皆是紅塵。白居易《遊悟真寺回，山下別張殷衡》說，「世緣未了住不得，孤負青山心共知。愁君又入都門去，即是紅塵滿眼時」。可是啊，既然紅塵無法割捨，好在還有終南山可以容人喘息。「擾擾馳名者，誰能一日閑。我來無伴侶，把酒對南山。」[1]韓愈這麼說。

王維到了南山，却不曾往回看。他的輞川別業綿延二十餘里，裏面有亭台樓閣、竹洲花塢，引入輞川的水流淌於草堂之下，在竹林裏或見一潭水，被映成青翠的綠色。在這裏可以浮輕舟、繞溪洞、彈琴朗詠。漁樵耕讀皆可為之。

王維對自己的輞川別業愛不釋手，每天安排了十數人打掃衛生。

這裏沒有紫陌紅塵、甲第歡宴，沒有言不由衷的詩、虛情假意的應酬，沒有精緻又不堪一擊的貴族生活、不得不去追求却又不可期的富貴功名。這裏只看得見「漠漠水田飛白鷺，陰陰夏木囀黃鸝」[2]，「雨中草色綠堪染，水上桃花紅欲然」。[3]擁有這些，大概就可

1　〔唐〕韓愈《遊城南十六首・把酒》。

2　〔唐〕王維《積雨輞川莊作》。

3　〔唐〕王維《輞川別業》。

圖 24-6　城南名勝古跡圖
（[日] 平岡武夫編《唐代的長安與洛陽（地圖篇）》，上海古籍出版社，1991 年]）

以了。在草堂裏面對着窗外的遠山彈一曲，或是聽着風吹樹動的聲
音寫下蕩闊的詩句，句句都為自己。他和裴迪唱和二十首詩集成
《輞川集》，每一首都是自得其樂、天高雲闊的平靜。他在藍田清
源寺壁上畫下《輞川圖》，風格並非清雅淡麗的那一種，張彥遠說
它「筆力雄壯」[1]，朱景玄說它「山谷鬱盤，雲飛水動，意出塵外，
怪生筆端」。[2]

　　《輞川圖》畫的是冬日雪景。據秦觀說，即使是在盛夏，只要
看到畫上瀟灑的筆觸，猶如輞川移置眼前，颯颯於風雪之中。好像

1　〔唐〕張彥遠《歷代名畫記》。

2　〔唐〕朱景玄《唐朝名畫錄》。

是和王維一起「度華子崗，經孟城坳，憩輞口莊，泊文杏館，上斤
竹嶺，並木蘭柴，絕茱萸沜，躡槐陌，窺鹿柴，返於南北垞，航欹
湖，戲柳浪，濯欒家瀨，酌金屑泉，過白石灘，停竹裏館，轉辛夷
塢，抵漆園」。[1] 在輞川的雪中，王維並不曾懷念城東的綺麗。朱門
甲第的主人換了一茬又一茬，輞川却永遠和他聯繫在一起。盛唐的
雪花，輕輕地落在他的肩膀上。

---

1 〔宋〕秦觀《書摩詰〈輞川圖〉後》。

京兆尹能有多厲害

長安城有一惡霸叫張幹。他左臂刺青文字是：「生不怕京兆尹」，右臂「死不畏閻羅王」。在百姓眼中，京兆尹和陰曹地府的閻羅王殺傷等級竟是同樣的，足以見其厲害程度。

後來他果真被京兆尹薛公杖殺了[1]。

京兆尹可以說是很厲害了。小說裏關於京兆尹的記錄都是這樣的。

《太平廣記》卷九《溫京兆》講了這麼一個故事。長安京兆尹出行實行靜街制度，靜通衢，閉里門，有擋道者，杖殺之。某日京兆尹溫璋 [咸通六年 (865) 至咸通十一年 (870) 在京兆尹任] 從朱雀門大街南行至南城門途中，一個黃衣老人便因為沒有迴避而遭到鞭刑。老人受刑之後竟然若無其事地離去，溫璋察覺情況有异，找人打聽，知道老人原來是掌管人命運的真君，隱身在城南的蘭陵坊。溫璋趕緊到蘭陵坊親身賠罪，請求真君放過，後來真君沒有禍及溫的家人，只讓他自己受到了應得的報應。段成式《酉陽雜俎》卷九《盜俠》也記載了一個類似的故事，劇情幾乎一模一樣，只不過牽扯到的京兆尹是黎幹 [永泰元年 (765) 十月至大曆二年 (767) 初、大曆九年 (774) 四月至大曆十四年 (779) 在京兆尹任]，故事發生地點在曲江。

1　〔唐〕段成式《酉陽雜俎》卷八《黥》。

趙璘《因話錄》記載的京兆尹故事沒有神仙出場，但是也足夠肅殺。曾有神策軍不遵守靜街制度，即京兆尹出行時沒有迴避，被京兆尹柳公綽 [元和十一年 (816) 十二月 (同月因丁憂離職)，長慶元年 (821) 三月至十月在京兆尹任] 當街杖殺。皇帝找他來理論，他振振有詞道：「京兆尹，天下取則之地。臣初受陛下獎擢，軍中偏裨躍馬衝過，此乃輕陛下典法，不獨試臣。臣知杖無禮之人，不知打神策軍將。」上曰：「卿何不奏？」公曰：「臣只合決，不合奏。」

「別人輕視的不是我，而是陛下您！」此言一出，連皇帝也拿他沒辦法了。

唐代京畿制度的根基始於漢代，《通典》述其來源：

> 今之雍州，理長安、萬年二縣。周之舊都，平王東遷而屬秦，始皇以為內史地。漢高祖初屬塞國，後更為渭南郡，尋罷，復為內史，武帝分為右內史，秦於右北分涇水，置鄭渠，灌田四萬餘頃。漢置白渠，灌四千五百餘頃。後更分京兆尹，領縣十二。後漢因之，領縣十。魏改尹為守，後改為秦國，後復為京兆國。晉為京兆郡，兼置雍州，領郡國七，理於此。後魏亦然。後周復為京兆尹。隋初置雍州，煬帝改為京兆郡。大唐初復為雍州，開元元年改為京兆府。凡周、秦、漢、晉、西魏、後周、隋，至於我唐，並為帝都。

京城是國家的核心，天子的地盤。從漢代起，京兆尹、左馮翊、右扶風三輔京畿長官，他們的工作職責在一般地方政府長官應該做的之外，還多了「獨得奏朝請，參與朝政，秩祿、參朝政與九

卿通，兼有地方長官與朝官兩重身份」。[1] 唐朝最重要的三個府為京
兆、河南與太原三府，三府中以京兆府地位最重要。

唐代京兆府所轄地，除長安、萬年二縣外，另有京畿諸縣共
二十縣左右。京兆府的組織，按照《大唐六典》記載，設有牧一名
(官從二品)、尹一名(官從三品)、少尹兩名(官從四下)，其餘有司
錄參軍事、功曹司功參軍事等二十八人。京兆牧是個榮譽稱號，並
不理政，玄宗前一般由親王出任，高祖時的京兆牧便是秦王李世民
(但他當時以自己雍州牧的身份干預了雍州的人事任命，以蕭瑀為
州都督，高士廉為雍州治中)，玄宗後便無京兆牧的記載了。京兆
尹的職位從隋到唐也有幾次變化，隋恭帝義寧元年(617)五月十五
日改隋京兆郡為雍州，以別駕領州事；太宗貞觀二十三年(649)七
月三日改雍州別駕為長史；玄宗開元元年(713)改雍州為京兆府，
以長史為京兆尹。

即使在唐朝，對身兼地方官與朝官二職的京兆尹來說，其首
要職責仍然是民生，使市民安居樂業，維持戶口穩定，敦勵風俗，
這也是朝廷對京兆尹的考核指標之一。治理不力，馬上免去。勸課
農桑、促進生產也是京兆尹的要務。首先要保證農業不缺水，一旦
大旱，滿朝憂慮，京兆尹如臨大敵。因此有用力過猛的。如因為擅
長占星而入仕的黎幹，一度為官勤勉，却在復拜京兆尹後「自以得
志，無心為理，貪暴益甚，徇於財色」。[2] 大曆九年(774)七月，京
兆大旱，黎幹居然在朱雀大街上祈雨。他在街中造了一條土龍，然
後把長安城的巫師都招來，他和巫師一起圍着土龍跳舞祈雨，圍觀

1　張榮芳《唐代京兆尹研究》，台北：學生書局，1987年。

2　《舊唐書·列傳第六十八》。

群眾駭笑。然而並沒有什麼用，還是沒下雨。也有祈雨成功的，比如京兆尹孔戡 [大和二年 (828) 正月至大和三年 (829) 正月在京兆尹任] 在曲江求雨的當夜，大雨如約而至。對於窮苦無依的人，京兆尹也應予以救濟。例如文宗大和六年 (832) 下詔：「京城內鰥寡孤獨不能自濟，喑聾跛躄窮無告者，亦委京兆尹兩縣令量加賑恤訖，具數聞奏，躬自省閱，務令均贍。」[1]

京兆尹第二重要的工作，便是保障京城的安全。長安城內，除京兆尹與長安、萬年二縣縣令負責治安外，還有殿中御史任左右巡、左右金吾衞中郎將任左右街使，掌管城內巡查警衞。但是一旦京城出了事，第一責任人還是京兆尹。京城惡少是治安督察的首要打擊對象。劉栖楚 (寶曆元年 (825) 十一月至寶曆二年 (826) 八月在京兆尹任) 任京兆尹期間號令嚴明，不畏權勢。當時京城惡少在北軍中挂名，他們不守法令，以凌衣冠、奪貧弱為樂，一旦有罪就逃入軍中，沒有人敢去抓他們。劉栖楚當上京兆尹後嚴加整治，這類行為便絕跡了。坊市內「奸偷宿猾，慴氣屏跡」。[2] 趙璘在《因話錄》中記載到，有一天他和朋友一起入市，一個醉酒軍人驚到了朋友的驢。旁邊經過的少年紛紛起鬨道：「癡男子，你的死期到了，竟然敢招惹這些衣冠士子！」每個人好像頭上頂着一個劉尹，惴惴不安，不敢惹出事端。

京兆尹還負責城市基礎設施建設，長安城中的道路、綠化、城牆的營建維修等事便屬其管轄範疇，例如專供高官行走的沙堤，最早便是在京兆尹的提議下建成。《唐會要》卷八十六《道路》記載

---

1 《全唐文》卷七十四《文宗雨雪賑濟百姓敕》。

2 〔唐〕趙璘《因話錄》。

道,「天寶三載五月,京兆尹蕭炅奏:請於要道築甬道,載沙築之,至於朝堂」。此外,違法建設如拆牆打洞等事宜,也歸京兆尹處置。

京兆尹的職責綜合、文武皆備,既是地方長官,能體現執掌一方的能力,又位列朝堂,受皇帝倚重。因此也易成為黨爭中各政治力量爭搶的對象,很難獨善其身。京畿地區各方勢力雲集,宗室、宦官、神策軍、寺廟、大臣各有各的勢力,各有各的地盤,對京城的經濟、治安、管理不可能不造成影響。處理其間關係可以想見有多複雜,京兆尹這個官的難做,地方官完全不可能與其相比。

雖然京兆尹官職特殊,職位却不過從三品而已,面對京城裏的各大顯貴仍顯管轄權限不够,因此多兼了御史之職,以監督朝官的職責來震懾顯貴。即便如此,這官依然難做。有唐近三百年,共換了一百五十六任京兆尹,其中任期三年以上的只有十一人,比例僅為 7%。其中有三十二人的任期在一年到三年,任期不到一年的竟有一百一十三人之多。肅宗上元元年(760)至上元二年(761)期間,李輔國當權,一年間竟換了五任京兆尹。京兆尹任期短暫,一是因為京畿重地的複雜,動輒得咎;二是因為京兆尹是官員上升途徑中的一站,而非終點。白居易專門寫了一首詩來詳述京兆尹「十年十五人」「寬猛政不一」的亂象:「京師四方則,王化之本根。長吏久於政,然後風教敦。如何尹京者,遷次不逾巡?請君屈指數,十年十五人。科條日相矯,吏力亦已勤。寬猛政不一,民心安得淳?九州雍為首,群牧之所遵。天下率如此,何以安吾民?誰能變此法,待君贊彌綸。慎擇循良吏,令其長子孫。」[1]

能做到任期三年以上的京兆尹,必有其過人之處。比如臉皮

---

1 〔唐〕白居易《贈友五首》。

極厚却能翻臉如翻書的竇懷貞（神龍二年（706）十一月至景龍四年（710）六月在京兆尹任）。

竇懷貞是中宗神龍年間的京兆尹，係御史大夫任上遷入。此前他一直以清廉出名，却在當了京兆尹之後換了方式來做人。為了討好韋皇后，他娶了韋皇后的乳母王氏為妻，以阿奢（即皇后的奶娘之老公）自稱而面不改色。為了避諱韋皇后之父的名字，他不惜改名為從一。然而在李隆基誅殺韋氏一族後，竇懷貞居然能親手砍下妻子王奶娘的頭顱獻上去，因此只被外遷為濠州司馬，後來竟能東山再起拜相。

在政治爭鬥輪番碾壓的情況下，還能在京兆尹任上做出些實際成績的，可以說是很不容易了。韓朝宗（天寶元年（742）至三年（744）在京兆尹任）就是這麼一個難得的京兆尹。韓朝宗就是李白著名的《與韓荊州書》「生不用封萬戶侯，但願一識韓荊州」提及的韓荊州。根據王維的記載，韓朝宗任職京兆尹期間，強力打擊豪強惡少，以致「外家公主，敢縱蒼頭盧兒；黠吏惡少，自擒赭衣偷長」。[1]他還致力於疏通漕運：「分渭水入自金光門，置潭於西市之西街，以貯材木。」[2]然而這麼有作為的京兆尹，仍然不到一年就被貶黜，表面上看是因為他在城南修建別業，[3]更是因為他牽扯進了當時李適之與李林甫之間的黨爭。

再如宗室之後、沉雅清整的李勉（肅宗上元二年（761）、大曆二年至三年（767—768）在京兆尹任）第一次任京兆尹時，因為不肯依

---

1 〔唐〕王維《大唐吳興郡別駕前荊州大都督府長史山南東道採訪使京兆尹韓公墓誌銘》。

2 《唐會要》卷八十七。

3 見前文《盛唐的雪》，那時候官員在城南修建別墅並非稀罕事。

附李輔國被免。第二次，得勢的宦官變成了魚朝恩。魚朝恩作為觀軍容使，知國子監事。前任京兆尹黎幹攀附魚朝恩多年，他任職期間每逢魚朝恩入國子監，黎幹都用盡京兆府全府人力，準備上百人的飯菜來接待魚朝恩。李勉偏不照做。他上任一個多月後，魚朝恩又要去國子監，京兆府吏申請備飯，李勉說：「既然軍容使主管國子監，如果我去國子監，應該是他做東才是。我作為京兆尹，如果他是來京兆府拜會，才應該由我做東吧。」魚朝恩因此懷恨在心，不久之後李勉又被替換了。[1]

對於京兆尹的為官精髓，柳仲郢 [會昌五年 (845) 二月至五月在京兆尹任] 有話說。他在武宗、宣宗時期先後擔任京兆尹和河南尹，當他做河南尹的時候，寬惠為政，比當京兆尹的時候溫柔多了。別人問他為什麼。他說：「輦轂之下，彈壓為先；郡邑之治，惠養為本。何取類耶？」[2] 曾當過京兆尹的韓愈 [長慶三年 (823) 六月至十月在京兆尹任] 同樣深有感觸，他說：「京師者，四方之腹心，國家之根本。」[3] 在外地可以是和百姓談笑風生的小甜甜，一到京城畫風必須突變，天子腳下，一定要以高壓統治為首要任務。看得很通透了。

---

1 《新唐書·列傳第五十六》。

2 《舊唐書·列傳第一百一十九》。

3 〔唐〕韓愈《論天旱人饑狀》。

京城居不易

「中世士大夫以官為家，罷則無所於歸。」[1] 在唐代士大夫眼裏，只有京官才能叫官。因此遵循「以官為家」的邏輯，唯有長安才配成為他們的家，絕不能離開。一旦離開，朝思暮想，此身如飄萍，自覺無所依歸。然而這種理想狀態終究無法實現。宦海沉浮，動輒得咎，根本由不得自己。於是他們在四種狀態中頻頻切換：在長安——陶醉，離開長安——傷心、想它，又回到長安——感慨陶醉，又被貶走——灰心失望。

恢恢帝京，居之不易。不管在哪個時空，城市生活都逃不開衣、食、住、行這四件事。若這些能得以滿足，最好還有些可供消遣的去處。剛到京師的李白，屈居在旅店中，得到賀知章金龜換酒[2]的殊遇，又有伴遊天子的恩寵，一開始幾乎都處於狂喜狀態。他在西市喝到了胡姬親手端過來的酒，「李白一斗詩百篇，長安市上酒家眠」。[3]身為翰林待詔出入銀台門[4]的美妙也反覆回味過「：君登金華省，我入銀台門。」[5]郊遊也有之，他曾登上杜陵北望五陵的

1　〔唐〕韓愈《送楊少尹序》。

2　〔唐〕孟棨《本事詩·高逸第三》：「李太白初自蜀至京師，舍於逆旅。賀監知章聞其名，首訪之。……解金龜換酒，與傾盡醉，期不間日，由是聲譽光赫。」

3　〔唐〕杜甫《飲中八仙歌》：「李白一斗詩百篇，長安市上酒家眠。天子呼來不上船，自稱臣是酒中仙。」

4　銀台門，唐翰林院在銀台門之北，銀台門常被用來指代翰林院。

5　〔唐〕李白《朝下過盧郎中叙舊遊》。

輪廓，只見到「秋水明落日，流光滅遠山」。[1] 而在長安騎了十三年驢的杜甫，「朝扣富兒門，暮隨肥馬塵」，為求功名四處拜謁的他，生活困窘，忍氣吞聲，並不能體會到李白那種肆意自在的長安。

相比於開元天寶年間，在八世紀末到九世紀初的長安，科舉而非門蔭，成為官員升遷的重要途徑。四方學子紛至沓來，却不必再經歷杜甫那樣的心酸。一個中規中矩、僅靠俸祿和才華獲得生活層次提升的長安官員發展軌跡樣本，莫過於韓愈。貞元二年（786），韓愈初來長安，那年他才十九歲。韓愈一生的大部分時間都不太富有，當初他來到長安，原因簡單直接：「家貧，不足以自活，應舉覓官。」直到二十九歲中進士，他的十年長安生活「無所取資，日求於人，以度時月」，异常艱辛。[2] 直到四十六歲，幾十年間生活雖有好轉，但並不算太寬裕。四十六歲升遷為兵部郎中之後，他的俸祿有所提升，又用大量寫碑銘來賺取外快。他的一篇碑文價值絹五百匹。當時一匹絹八百錢，五百匹絹即是四百貫錢。這些錢可以買八百擔米，足够一百個成年男子吃一年。足以見其收入之豐厚。

不寬裕，就無法談及享受生活，追求穿戴和品位。韓愈穿着隨便，即使晚年生活寬裕了，也不過是白布長衫紫領巾。由於牙從三十多歲起就開始掉了，四十五歲左右的時候他只剩十七顆牙，成為一個肥胖少鬚缺牙的老年男子。因此只能拿勺吃一些軟軟的食物，十分心酸。他一直租房住，直到四十九歲那年，終於在長安靖安坊購買了屬自己的房子[3]。為此他驕傲地寫了一首詩《示兒》：

1　〔唐〕李白《杜陵絕句》。

2　〔唐〕韓愈《上兵部李侍郎書》。

3　黃正健《韓愈日常生活研究》，《走進日常：唐代社會生活考論》，上海：中西書局，2016 年，243—264 頁。

始我來京師，止攜一束書。辛勤三十年，以有此屋廬。此屋豈為華，於我自有餘。中堂高且新，四時登牢蔬。前榮饌賓親，冠婚之所於。庭內無所有，高樹八九株。有藤婁絡之，春華夏陰敷。東堂坐見山，雲風相吹噓。松果連南亭，外有瓜芋區。西偏屋不多，槐榆翳空虛。山鳥旦夕鳴，有類澗谷居。主婦治北堂，膳服適戚疏。……

這座宅院是相當大的，光堂就有三個，中堂高且新，東堂能看見山，北堂由主婦管理，當為內室。院內有八九棵樹，南邊有亭以及蔬菜瓜果種植區。宅院的西邊並沒有太多房屋，只有槐樹和榆樹形成的樹蔭。在這裏還能聽到山裏的鳥兒晝夜鳴叫，像是住在山谷裏一樣。就像許多成功官員一樣，韓愈也在城南購入了一所別業，但是好像不太經營那裏，不過為了去體驗鄉村生活而已，而不是像其他人那樣醉心於園林設計事業。

靖安坊乃朱雀門街之東第一街街東自北向南第五坊，韓愈、元稹、武元衡都住在靖安坊。在長安的坐標系裏，不同地段出沒的人

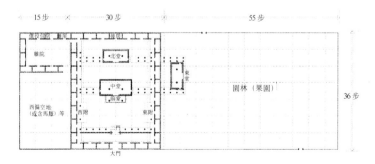

圖 26-1 靖安坊韓愈宅推測分佈圖
（賀從容《古都西安》，清華大學出版社，2012 年）

屬性截然不同，住在哪裏通常說明了你是怎樣的人。街西是外國人
和平民出沒的地方，沒什麼實力的下層官員也住在那裏；街東北是
權貴的地盤，街東南則是中產階級士大夫的樂土。街東的人和街西
的人甚少來往。先後居住於常樂坊、宜平坊、昭國坊和新昌里的白
居易是個標準的東邊人，他經常來往的朋友都住在鄰近諸坊。除了
張籍。在街西租房住的張籍經常來拜訪白居易，他雖熱情款待，在
詩文裏却評價張籍，「如何欲五十，官小身賤貧。病眼街西住，無
人行到門」。[1] 似乎有一種帶着優越感的惋惜。

　　與韓愈比起來，白居易的長安生活顯得更加外向和充滿活力，
作為一個外地人，他似乎毫不費力地融入了長安中上層士子的社
交生活，雖然屢次貶謫至外地，這個社交圈却一直十分穩固。貞
元十六年 (800)，二十九歲的白居易第一次來到長安，由於快到而
立之年仍未取得功名，雖然眼見帝京的車馬喧囂，春意盎然，他
却仍愁眉不展。[2] 貞元十九年 (803) 春，白居易參加吏部考試及第，
並在同年認識了元稹，他們同被授予祕書省校書郎，這一年元稹才
二十一歲。在祕書省為官幾年，白居易一直租住在常樂坊關相國私
第之東亭，長安本地人元稹則住在靖安坊自家老宅。白居易在《常
樂里閑居》一詩中提到，當時的住處不過茅屋四五間，「窗前有竹
玩，門外有酒沽。何以待君子，數竿對一壺」。[3] 他饒有興致地料理
亭前東南隅的一叢竹子，將其從原來的雜草叢生培育成「日出有清

1　〔唐〕白居易《讀張籍古樂府》卷一）。

2　〔唐〕白居易《長安早春旅懷》。

3　〔唐〕白居易《常樂里閑居偶題十六韵兼寄劉十五公輿、王十一起、呂二炅、呂
四潁、崔十八玄亮、元九稹、劉三十二敦質、張十五仲方》。

陰，風來有清聲」[1] 的景致，不禁欣欣然。

他和同任祕書省校書郎的幾人經常喝酒聚會，四處遊玩——確實因為工作不太忙。他們一起去過曲江，在某年的四月初還拜訪了道德坊的開元觀。那是一個風清日和的春日，陽光照射下葉子的光影清亮，鳥兒栖息於花枝之上。他們一直都在開元觀的西廊喝酒，直到日頭沉沉落下，橘色的光線打在參差的樓殿上。歡飲一直持續到夜晚，且笑且歌，應當也是通宵未歸。[2] 這年他三十四歲，年齡不算小，但生活之肆意隨性可見一斑，和韓愈的畫風大相徑庭。

此後他的人生軌跡與元稹亦步亦趨。貞元二十一年（805），永貞革新失敗，二王八司馬被流放，劉禹錫柳宗元都在其中。憲宗元和元年（806），白居易和元稹雙雙辭去祕書省校書郎職務，住在永崇坊華陽觀備考。永崇坊緊鄰靖安坊，華陽觀本是華陽公主舊宅，他説此地「落花何處堪惆悵，頭白宮人掃影堂」。[3] 他約過很多人來華陽觀一同把酒看花、賞月作詩，「華陽觀裏仙桃發，把酒看花心自知。爭忍開時不同醉，明朝後日即空枝」。[4]「人道秋中明月好，欲邀同賞意如何。華陽洞裏秋壇上，今夜清光此處多」。[5] 同年四月，憲宗策試制舉人，應才識兼茂、明於體用科，白居易入第四等，元稹入三等第一名。[6] 告別「今夜清光此處多」的白居易出任盩厔縣尉，元稹入朝為左拾遺。盩厔縣位於長安西南一百三十里，正是這

1　〔唐〕白居易《養竹記》。

2　〔唐〕白居易《首夏同諸校正遊開元觀因宿玩月》。

3　〔唐〕白居易《春題華陽觀》。

4　〔唐〕白居易《華陽觀桃花時招李六拾遺飲》。

5　〔唐〕白居易《華陽觀中八月十五日夜招友玩月》。

6　〔唐〕唐代制舉科，三等即是甲等，四等為乙等。

一年，白居易在仙遊寺故事會上寫出了《長恨歌》。

三十六歲這年的深秋，白居易從自己十分不喜歡的盩厔縣尉任上回到長安，任集賢殿校理。同年十一月授翰林學士。其後官職變遷不表。他三十七歲成了家，娶了好友楊虞卿的從妹。三十九歲這年，女兒金鑾子滿周歲，他左拾遺任期滿，轉任京兆府戶曹參軍，戶曹和司戶參軍一起掌管京兆府的「戶籍、計賬、道路、逆旅、田疇、六畜、過所、蠲符之事」，即主管人口、財務、基礎設施、農業生產等核心事務。[1] 雖只官居正七品下，收入却頗豐（俸錢四五萬，任祕書省校書郎期間「俸錢萬六千，月給亦有餘」），於是這一年家人勸說他換房，他先是猶豫說「何須廣居處」，後來還是聽從勸說搬到了宣平坊。

三十九歲的中秋夜晚，白居易在翰林院獨自值夜班，對着月亮思念身在江陵的元稹，「猶恐清光不同見，江陵卑濕足秋陰」。[2] 元和六年（811），長安下了一場很大的雪。這一年白居易接連遭受兩個重大打擊，母親去世，女兒金鑾子夭折，年僅三歲。他憂傷成疾，丁憂期間他在家鄉寫詩務農。再回到長安已是三年後，他租住在位於偏僻南城的昭國坊，並再訪華陽觀，却已是物是人非。昭國坊清淨是清淨，有柿子樹搭出樹蔭，有槐花落了滿地，對於一個需要早起上朝、晚上值夜班的官員來說，離南城墻只有四個坊的地段實在是太遠了，對此他怨聲載道，「遠坊早起常侵鼓，瘦馬行遲苦費鞭」。[3]

才到第二年，情節就變得忽上忽下，先是元稹、劉禹錫、柳宗元均回到長安，幾人終得詩歌唱酬，可好景不長，三人旋即被貶

---

1 《唐六典》卷三十「三府督護州縣官吏」。

2 〔唐〕白居易《八月十五日夜禁中獨直，對月憶元九》。

3 〔唐〕白居易《初授贊善大夫早朝，寄李二十助教》。

出京去。就在這一年，宰相武元衡在靖安坊東門被刺，白居易上疏懇請捉賊，得罪當政者，被貶為江州司馬。待到元和十五年（820）再次回京之時，他已是四十九歲，心境又有了變化，本來就一路貶謫，回京之後又是只有從六品的青衫小官，此時的他對名利再無太多熱望，對長安也不再眷念感懷。第二年，長慶元年（821）春，他買下新昌坊的新居，佔地十畝，背後是丹鳳門，眼前是青龍寺，他

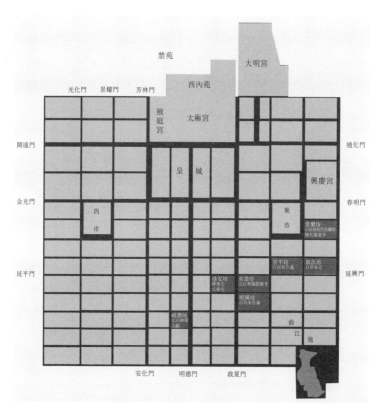

圖 26-2　本文涉及的文人長安地圖（作者自繪）

大事修繕了一番，算是喜事一樁吧。雖然在區區一年之內有喬遷之喜，且終得升官服緋，[1] 白居易却並未因此產生對長安的歸屬感，離開回來都由不得他。長安道，一回來，一回老，即使升官了也已年過五旬，長安的遊樂歡鬧，哪怕是艷歌一曲酒一杯也不再適合他，加之政局不穩，報效之心已無幾分殘存。

大和三年 (829) 三月，白居易離開長安，再也沒有回來，終老洛陽履道坊。

長慶元年 (820) 深秋，白居易獨遊慈恩寺。長安三月牡丹最盛，慈恩寺元果院牡丹花開最早，引得都人接踵而至，其中自然少不了當年的八位彩衣青年校書郎。深秋的慈恩寺自然沒有艷麗的牡丹，却是柿葉正紅之時，雁塔下望向南山，人事已非，心下蕭條悵惘。長安不是傷春的所在，這裏的春天總是興高采烈的。却允許人悲秋，葉落滿地的時刻，想起當初自己來這裏的理由和夢想，在這裏經歷的人生，那些一起笑過、醉過、愛過的摯友親朋，紛紛退場。一時間竟不知道自己家在何處。

於是，不想在長安做官的那天，長安就不再是家。

1　《唐會要》卷三十一《章服品第》：「三品已上服紫，四品五品已上服緋，六品七品以綠，八品九品以青。」

參考資料

一、原典

宋代相關

〔宋〕孟元老撰，鄧之誠注，《東京夢華錄注》，北京：中華書局，1982 年。

〔宋〕孟元老撰，伊永文箋注，《東京夢華錄箋注》，北京：中華書局，2012 年。

〔清〕周城撰，單遠慕點校，《宋東京考》，北京：中華書局，1988 年。

〔明〕李濂、程民生、周寶珠，《汴京遺跡志》，北京：中華書局，1999 年。

〔宋〕張禮撰、史念海、曹爾琴校注，《遊城南記校注》，西安：三秦出版社，2006 年。

〔元〕脫脫等，《宋史》，北京：中華書局，1985 年。

〔宋〕李燾，《續資治通鑒長編》（簡稱「長編」），北京：中華書局，2004 年。

〔宋〕徐松輯，《宋會要輯稿》，北京：中華書局，1987 年。

〔宋〕司馬光，《資治通鑒》，北京：中華書局，2009 年。

〔宋〕李昉，《太平廣記》，北京：中華書局，2013 年。

〔宋〕高承，《事物紀原》，北京：中華書局，1998 年。

〔宋〕耐庵編，《靖康稗史箋證》，北京：中華書局，2010 年。

〔宋〕李綱，《梁溪集》之《靖康傳信錄》，《欽定四庫全書》。

〔宋〕蘇軾著，孔凡禮校注，《蘇軾文集》，北京：中華書局，2004 年。

〔宋〕陶穀，《清异錄江淮异人錄》，上海：上海古籍出版社，2012 年。

〔宋〕羅燁，《醉翁談錄》，上海：古典文學出版社，1957 年。

〔宋〕宋敏求撰，〔元〕李好文編繪，辛德勇、郎潔點校，《長安志‧長安志圖》，西安：陝西出版傳媒集團、三秦出版社，2013 年。

先秦相關

王世舜譯注，《尚書》，北京：中華書局，2011 年。

李慧玲、呂友仁譯注，《禮記》，鄭州：中州古籍出版社，2010 年。

楊天宇譯注，《周禮》，上海：上海古籍出版社，2004 年。

王國維，《古本竹書紀年輯校今本竹書紀年疏證》，瀋陽：遼寧教育出版社，1997 年。

黃懷信、張懋鎔、田旭東，《逸周書匯校集注》，上海：上海古籍出版社，2007 年。

〔漢〕司馬遷，《史記》，北京：中華書局，2006 年。程俊英，《詩經譯注》，上海：上海古籍出版社，2012 年。

〔戰國〕屈原等撰，林家驪註釋，《楚辭》，北京：中華書局，2010 年。

〔漢〕許慎，《説文解字》，北京：中華書局，2013 年。

〔漢〕劉向集錄，《戰國策》，上海：上海古籍出版社，1998 年。

《國語》，北京：中華書局，2007 年。

楊伯峻，《春秋左傳注》，北京：中華書局，2009 年。

劉尚慈譯注，《春秋公羊傳譯注》，北京：中華書局，2010 年。

鍾文烝，《春秋穀梁經傳補注》，北京：中華書局，2012 年。

唐代相關

〔宋〕歐陽修、宋祁，《新唐書》，北京：中華書局，1975 年。

〔後晉〕劉昫等，《舊唐書》，北京：中華書局，1975 年。

〔宋〕王溥，《唐會要》，上海：上海古籍出版社，2006 年。

〔清〕徐松，《增訂唐兩京城坊考》，西安：三秦出版社，2003 年。

〔清〕徐松、張穆，《唐兩京城坊考》，北京：中華書局，1985 年。

〔元〕駱天驤，《類編長安志》，西安：三秦出版社，2006 年。

〔唐〕韋述、杜寶撰，辛德勇輯校，《兩京新記輯校‧大業雜記輯校》，西安：三秦出版社，2006 年。

《唐五代筆記小說大觀》（上、下），上海：上海古籍出版社編纂出版，2000 年。

[日] 圓仁，《入唐求法巡禮行記》，桂林：廣西師範大學出版社，2007 年。

〔唐〕釋道世，《法苑珠林》，北京：中國書店，1991 年。

〔唐〕釋道宣撰，郭紹林點校，《續高僧傳》，北京：中華書局，2014 年。

〔宋〕朱景玄撰，溫肇桐注，《唐朝名畫錄》，成都：四川美術出版社，1985 年。

〔唐〕張彥遠，《歷代名畫記》，北京：人民美術出版社，2004 年。

〔唐〕李林甫撰，陳仲夫註解，《唐六典》，北京：中華書局，1992 年。

〔唐〕蘇頲，《唐長安西明寺塔碑》，《全唐文》卷 257，北京：中華書局，1983 年。

二、專著

宋代相關

[日] 久保田和男，《宋代開封研究》，上海：上海古籍出版社，2010 年。

周寶珠，《宋代東京研究》，開封：河南大學出版社，1992 年。

包偉民，《宋代城市研究》，北京：中華書局，2014 年。余輝，《隱憂與曲諫》，北京：北京大學出版社，2015 年。

方誠峰，《北宋晚期的政治體制與政治文化》，北京：北京大學出版社，2015 年。

張聰，《行萬里路》，杭州：浙江大學出版社，2015 年。劉芳，《汴京與臨安》，上海：上海古籍出版社，2013 年。

張馭寰，《北宋東京城建築復原研究》，杭州：浙江工商大學出版社，2011 年。

楊萬里，《宋詞與宋代的城市生活》，上海：華東師範大學出版社，2006 年。

李春棠，《坊墻倒塌以後：宋代城市生活長卷》，長沙：湖南人民出版社，2000 年。

李路珂，《古都開封與杭州》，北京：清華大學出版社，2012 年。

賀從容，《古都西安》，北京：清華大學出版社，2012 年。

伊永文，《行走在宋代的城市》，北京：中華書局，2005 年。

孔凡禮，《蘇軾年譜》，北京：中華書局，1998 年。

先秦相關

張光直，《中國青銅時代》，北京：生活·讀書·新知三聯書店，2013 年。

賀業鉅，《考工記營國制度研究》，北京：中國建築工業出版社，1985 年。

李劼，《中國文化冷風景》，台北：允晨文化，2013 年。

張正明，《楚史》，北京：中國人民大學出版社，2010 年。

郭德維，《楚都紀南城復原研究》，北京：文物出版社，1999 年。

白奚，《稷下學研究》，北京：生活·讀書·新知三聯書店，1998 年。

錢穆，《先秦諸子繫年》，北京：商務印書館，2001 年。

唐際根，《殷墟，一個王朝的背影》，北京：科學出版社，2009 年。

梁啟超，《先秦政治思想史》，長沙：岳麓書社，2010 年。

陳夢家，《西周年代考·六國紀年》，北京：中華書局，2005 年。

呂思勉，《先秦史：呂思勉文集》，上海：上海古籍出版社，2005 年。

呂思勉，《先秦學術概論》，長沙：岳麓書社，2010 年。

[日] 平勢隆郎著，周潔譯，《從城市國家到中華：殷周·春秋·戰國》，講談社·中國的歷史叢書，桂林：廣西師範大學出版社，2014 年。

余英時，《士與中國文化》，上海：上海人民出版社，2013 年。

蘇暢，《管子城市思想研究》，北京：中國建築工業出版社，2010 年。

唐代相關

[日] 石田幹之助，《長安之春》，北京：清華大學出版社，2015 年。

[日] 足立喜六，《長安史跡研究》，西安：三秦出版社，2003 年。

[日] 妹尾達彥，《長安的都市規劃》，西安：三秦出版社，2012 年。

[日] 平岡武夫主編，《唐代的長安與洛陽（地圖篇）》，上海：上海古籍出版社，1991 年。

[日] 平岡武夫主編，《唐代的長安與洛陽（資料篇）》，上海：上海古籍出版社，1989 年。

榮新江、華瀾、張志清主編，《粟特人在中國：歷史、考古、語言的新探索》，《法國漢學》第十輯，北京：中華書局，2005 年。

榮新江，《隋唐長安》，上海：復旦大學出版社，2010 年。

榮新江，《中古中國與外來文明》，北京：生活·讀書·新知三聯書店，2014 年。

向達，《唐代長安與西域文明》，北京：商務印書館，2015 年。

辛德勇，《舊史輿地文錄》，北京：中華書局，2013 年。

辛德勇，《隋唐兩京叢考》，西安：三秦出版社，2006 年。

張同利，《長安與唐五代小說研究》，北京：人民出版社，2015 年。

李芳民，《唐五代佛寺輯考》，北京：商務印書館，2006 年。

榮新江主編，《唐研究》，第二卷、第九卷、第十一卷、第

十五卷、第二十一卷,北京:北京大學出版社,1996 年、2003
年、2005 年、2009 年、2015 年。

龔國強,《隋唐長安佛寺研究》,北京:文物出版社,2006 年。

季愛民,《隋唐長安佛教社會史》,北京:中華書局,2016 年。

張榮芳,《唐代京兆尹研究》,台北:學生書局,1987 年。

黃正建,《唐代衣食住行研究》,北京:中華書局,2013 年。

杜文玉,《大明宮研究》,北京:中國社會科學出版社,2015 年。

謝昆芩,《長安與洛陽》,上海:上海古籍出版社,2013 年。

嚴耕望,《唐代交通圖考》,上海:上海古籍出版社,2007 年。

史念海,《唐代歷史地理研究》,北京:中國社會科學出版
社,1998 年。

張永祿,《唐都長安》,西安:三秦出版社,2010 年。

張永祿主編,《唐代長安詞典》,西安:陝西人民出版社,
1990 年。

楊鴻年,《隋唐兩京考》,武漢:武漢大學出版社,2005 年。

楊鴻年,《隋唐兩京坊里譜》,上海:上海古籍出版社,1999 年。

閻琦,《唐詩與長安》,西安:西安出版社,2003 年。

王闢疆,《唐人小說》,北京:北京聯合出版公司—後浪出版
公司,2016 年。

黃正健,《走進日常:唐代社會生活考論》,上海:中西書
局,2016 年。

王拾遺編著,《白居易生活繫年》,銀川:寧夏人民出版社,
1981 年。

莊申,《長安時代:唐人生活史》,香港:香港大學美術博物
館,2008 年。

汪聚應，《唐代俠風與文學》，北京：中國社會科學出版社，2007 年。

汪湧豪，《中國遊俠史》，上海：復旦大學出版社，2005 年。

曹正文，《中國俠文化史》，上海：上海文藝出版社，1994 年。

馬馳，《唐代蕃將》，西安：三秦出版社，2011 年。

余太山，《西域通史：中國邊疆通史叢書》，鄭州：中州古籍出版社，1996 年。

[法] 葛樂耐著，毛銘譯，《駛向撒馬爾罕的金色旅程》，桂林：灘江出版社，2016 年。

[意] 康馬泰著，毛銘譯，《唐風吹拂撒馬爾罕》，桂林：灘江出版社，2016 年。

[俄] 馬爾夏克著，毛銘譯，《突厥人、粟特人與娜娜女神》，桂林：灘江出版社，2016 年。

[美] 薛愛華，《撒馬爾罕的金桃—唐代舶來品研究》，北京：社會科學文獻出版社，2016 年。

[美] 芮樂偉·韓森著，張湛譯，《絲綢之路新史》，北京：北京聯合出版公司—後浪出版公司，2015 年。

[法] 魏義天著，王睿譯，《粟特商人史》，桂林：廣西師範大學出版社，2012 年。

其他

梁思成，《中國建築史》，北京：生活·讀書·新知三聯書店，2011 年。

郭黛姮，《中國古代建築史(第三卷)：宋、遼、金、西夏建築》，北京：中國建築工業出版社，2009 年。

趙岡，《中國城市發展史論集》，北京：新星出版社，2006 年。

楊寬，《中國古代都城制度史研究》，上海：上海人民出版社，2003 年。

賀業鉅，《中國古代城市規劃史》，北京：中國建築工業出版社，2014 年。

董鑒泓，《中國城市建設史》，北京：中國建築工業出版社，2004 年。

李憑，《北魏平城時代》，上海：上海古籍出版社，2014 年。

侯仁之，《歷史地理學的視野》，北京：生活・讀書・新知三聯書店，2009 年。

譚其驤，《中國歷史地圖集》，北京：中國地圖出版社，1996 年。

譚其驤，《簡明中國歷史地圖集》，北京：中國地圖出版社，1991 年。

傅熹年，《中國古代城市規劃、建築群佈局及建築設計方法研究》，北京：中國建築工業出版社，2015 年。

張傑，《中國古代空間文化溯源》，北京：清華大學出版社，2015 年。

三、論文或文章

宋代相關

傅熹年，《宋趙佶瑞鶴圖和它所表現的北宋汴京宮城正門宣德門》，《中國古代建築十論》，上海：復旦大學出版社，2004 年。

李合群，《北宋東京皇城宣德門考》，《中原文物》，2008 年第 2 期。

尹家琦，《北宋東京皇城宣德門研究》，河南大學碩士學位論文，2009 年。

李合群，《北宋東京佈局研究》，鄭州大學博士學位論文，2005 年。

李合群、司麗霞、段培培，《北宋東京皇宮佈局復原研究——兼對元代〈事林廣記〉中的〈北宋東京宮城圖〉予以勘誤》，《中原文物》，2012 年第 6 期。

李合群，《北宋皇宮二城考略》，《中原文物》，1996 年第 3 期。

李合群、尹家琦，《試析北宋東京南北御街街道景觀》，《開封大學學報》，2009 年第 1 期。

徐伯勇，《北宋東京宣德樓及御街建置佈局考説》，《中國古都研究（第五、六合輯）—— 中國古都學會第五、六屆年會論文集》，1988 年 6 月。

鄧燁，《北宋東京城市空間形態研究》，清華大學碩士學位論文，2004 年 6 月。

梁建國，《北宋東京春明坊及相關問題考》，《隋唐遼宋金元史論叢》，2014 年 5 月。

王一帆、孔雲峰、馬海濤，《古代城市結構復原的 GIS 分析與應用—以北宋東京城為例》，《地球信息科學》，2007 年 10 月。

周寶珠，《北宋東京的園林與綠化》，《河南師大學報》（社會科學版），1983 年第 1 期。

周寶珠，《隋唐時期的汴州與宣武軍》，《河南大學學報》（哲學社會科學版），1989 年第 1 期。

曾大興，《柳永〈樂章集〉與北宋東京民俗》，《中山大學學報》（社會科學版），2003 年第 5 期。

劉方，《娛樂、慾望與陰影：市民文學視野中的北宋東京都市意象》，《湖州師範學院學報》，2009 年第 5 期。

丘剛、李合群，《北宋東京金明池的營建佈局與初步勘探》，《河南大學學報》(哲學社會科學版)，1998 年第 1 期。

丘剛、董祥，《北宋東京皇城的初步勘探與試掘》，《開封考古發現與研究》，鄭州：中州古籍出版社，1998 年。

張勁，《開封歷代皇宮沿革與北宋東京皇城範圍新考》，《史學月刊》，2002 年第 7 期。

周佳，《北宋朝會六殿》，《東方博物》第三十九輯。

喬楠，《北宋大朝會的時空探究》，《法制與社會》，2013 年 12 月。

陳勝、喬楠，《史述詳略之間：北宋大朝會初探》，《史學集刊》，2015 年第 4 期。

姜錫東、史泠歌，《北宋大朝會考論──兼論「宋承前代」》，《河北學刊》，2011 年第 5 期。

馬琳，《北宋宮廷人士休閑活動研究》，河南大學碩士學位論文，2010 年 6 月。

郭乃賢，《宋代宮廷元日活動研究》，河北大學碩士學位論文，2013 年 6 月。

劉春迎，《北宋東京三大節日及其習俗》，《史學月刊》，1997 年第 1 期。

張顯運，《近二十年〈清明上河圖〉研究述評》，《史學月刊》，2008 年 11 月。

余輝，《清明上河圖》張著跋文考略，《故宮博物院院刊》，2008 年 9 月。

余輝，《張擇端〈清明上河圖〉》卷新探，《故宮博物院院

刊》，2012 年第 5 期。

劉滌宇，《從〈清明上河圖〉看北宋東京的城市細部構成》，
《建築師》，2010 年 4 月。

葛奇峰，《戰國魏大梁城平面佈局新探》，《中原文物》，2012
年 8 月。

杜玉儉，《李白、杜甫和高適為何並未同登開封吹台》，《中
州學刊》，2004 年 5 月。

梁建國，《朝堂之外：北宋東京士人走訪與雅集——以蘇軾為
中心》，《歷史研究》，2009 年第 2 期。

周雲容，《解讀蘇軾的兩次制科考試》，《文史雜誌》，2011
年第 3 期。

龍芳，《北宋東京詩研究》，暨南大學碩士學位論文，2006 年
5 月。

劉芳，《宋代兩京都市文化與文學生產》，上海師範大學博士
學位論文，2008 年 4 月。

先秦相關

胡家聰，《稷下學宮史鈎沉》，《文史哲》，1981 年第 4 期。

王國維，《殷周制度論》。

史念海，《〈周禮·考工記·匠人營國〉的撰著淵源》，《傳統
文化與現代化》，1998 年第 3 期。

焦澤陽，《周「禮制」與〈考工記·匠人營國〉對早期都城形
態的影響》，《城市規劃學刊》，2012 年第 1 期。

梁曉景，《西周建都洛邑淺論》，《中國古都研究》第四輯，杭
州：浙江人民出版社，1989 年。

唐際根，《三千年前的首都記憶》，《中華遺產》，2007 年第 7 期。

曲英杰，《齊都臨淄城復原研究》，《中國歷史論叢》，1991 年第 1 期。

曲英杰，《周代都城比較研究》，《中國史研究》，1997 年第 2 期。

董琳利，《簡論「武王克商」的政治正當性問題》，《中國人民大學學報》，2012 年第 5 期。

蘇暢、周玄星，《〈管子〉營國思想於齊都臨淄之體現》，《華南理工大學學報》(社會科學版)，2005 年第 1 期。

孫麗娟、李書謙，《〈考工記〉營國制度與中原地區古代都城佈局規劃的演變》，《中原文物》，2008 年第 6 期。

唐際根，《「青銅社會」：古代王權的運轉》，《中國社會科學報》，2013 年 1 月 4 日。

唐際根、荊志淳，《安陽的商邑與大邑商》，《考古》，2009 年第 9 期。

鄭振香，《殷墟發掘六十年概述》，《考古》，1988 年第 10 期。

竇建奇、王揚，《楚「郢都(紀南城)」古城規劃與宮殿佈局研究》，《古建園林技術》，2009 年第 1 期。

董灝智，《楚國郢都興衰史考略》，東北師範大學碩士學位論文，2008 年 5 月。

滕琳，《春秋戰國時期文化中心的轉移——從曲阜到稷下學宮》，山東師範大學碩士學位論文，2011 年 5 月。

張良才，《從〈管子·弟子職〉看稷下學宮的教學與生活管理》，《管子學刊》，1994 年第 3 期。

孫開泰，《稷下學宮的百家爭鳴與相互影響》，《管子學刊》，1987 年創刊號。

唐代相關

史念海、史先智，《長安和洛陽》，《唐史論叢》第七輯，西安：陝西師範大學出版社，1998 年。

馬得志，《1959—1960 年唐大明宮發掘簡報》，《考古》，1961 年第 7 期。

中國社會科學院考古研究所西安唐城工作隊，《唐大明宮含元殿遺址 1995—1996 年發掘報告》，《考古學報》，1997 年第 3 期。

傅熹年，《唐長安大明宮含元殿原狀的探討》，《文物》，1973 年第 7 期。

楊鴻勛，《唐長安大明宮含元殿復原研究報告—再論含元殿的形制》，《建築歷史與理論》第六、七合輯，1994 年。

傅熹年，《對含元殿遺址及原狀的再探討》，《文物》，1998 年第 4 期。

張艷雲，《唐代長安的重牡丹風氣》，《唐都學刊》第 11 卷，1995 年第 5 期。

武廷海，《從形勢論看宇文愷對隋大興城的「規畫」》，《城市規劃》，2009 年第 12 期。

王樹聲，《宇文愷：劃時代的營造巨匠》，《城市與區域規劃研究》，2013 年第 1 期。

李曼，《唐代上元節俗的歷史考察》，陝西師範大學碩士學位論文，2014 年。

李娜，《唐代公主的生活與文學》，西北大學碩士學位論文，2005 年。

李晶，《隋唐時期河東薛氏家族研究》，山西師範大學碩士學位論文，2014 年。

曹爾琴，《唐代長安城的里坊》，《人文雜誌》，1981 年 5 月。

趙貞，《唐代長安街鼓考》，《上海師範大學學報》（哲學社會科學版），2006 年第 3 期。

楊為剛，《唐代都市小說敘事的時間與空間——以街鼓為中心》，《唐研究》第十五卷，北京：北京大學出版社，2009 年 12 月。

齊東方，《魏晉隋唐時期里坊制度——考古學的印證》，《唐研究》第九卷，北京：北京大學出版社，2003 年。

王貴祥，《唐長安靖善坊大興善寺大殿及寺院佈局初探》，《中國建築史論彙刊》（第拾輯），北京：清華大學出版社，2014 年。

李健超，《唐長安 1：2.5 萬復原圖》，《西北大學學報》（自然科學版），1993 年第 2 期。

李志紅，《唐長安街道景觀研究》，鄭州大學博士學位論文，2006 年 5 月。

辛德勇，《冥報記，報應故事中的隋唐西京景象》，《清華大學學報》（哲學社會科學版），2007 年第 3 期。

[日] 妹尾達彥，《唐代長安的東市與西市》，《乾陵文化研究》（四），西安：三秦出版社，2008 年。

汪聚應，《唐代長安與遊俠》，《長安學術》第一輯，北京：商務印書館，2010 年。

陳莉，《唐詩中的「五陵少年」及「五陵原」意象》，《當代文壇》，2011 年第 4 期。

梁中效，《唐長安西市文化述論》，《唐都學刊》，2011 年第 3 期。

李瑞，《唐宋都城空間形態研究》，陝西師範大學博士學位論文，2005 年 5 月。

趙洋，《開遠門前萬里堠——隋唐長安城一隅的空間景觀》，

《唐研究》第二十一卷，北京：北京大學出版社，2015 年。

孫英剛，《想像中的真實—隋唐長安的冥界信仰與城市空間》，《唐研究》第十五卷，北京：北京大學出版社，2009 年。

朱玉麒，《隋唐文學人物與長安坊里空間》，《唐研究》第九卷，北京：北京大學出版社，2003 年。

楊哲，《夜禁制度下的兩京靈异故事研究》，中央民族大學碩士學位論文，2011 年。

王貴祥，《隋唐時期佛教寺院與建築概覽》，《中國建築史論彙刊》(第八輯)，北京：中國建築工業出版社，2013 年。

介永强，《唐都長安城的佛教寺院建築》，《長安大學學報》(社會科學版)，2014 年第 2 期。

孫昌武，《唐長安佛寺考》，《唐研究》第二卷，北京：北京大學出版社，1996 年。

榮新江，《從王宅到寺觀：唐代長安公共空間的擴大與社會變遷》，《隋唐長安：性別、記憶及其他》，上海：復旦大學出版社，2010 年。

榮新江，《隋唐長安的寺觀與環境》，《唐研究》第十五卷，北京：北京大學出版社，2009 年。

辛德勇，《長安城寺院的分佈與隋唐時期的佛教》，《舊史輿地文錄》，北京：中華書局，2013 年。

景亞鵬，《唐長安大安國寺歷史文化稽考》，《乾陵文化研究》(九)，西安：三秦出版社，2015 年。

羅小紅，《唐長安西明寺考》，考古與文物，2006 年第 2 期。

唐浩川，《唐長安西明寺建築研究》，西安建築科技大學碩士學位論文，2013 年。

石懷，《日本圓仁唐長安所見》，《文博》，1985 年第 6 期。

褚良才，《日僧〈入唐求法巡禮行記〉與唐代俗講》，《杭州師範學院學報》，1993 年第 4 期。

戴禾，《唐代來長安日本人的生活、活動和學習》，《陝西師大學報》，1985 年第 1 期。

[日] 妹尾達彥，《長安：禮儀之都——以圓仁〈入唐求法巡禮行記〉為素材》，《唐研究》第十五卷，北京：北京大學出版社，2009 年 12 月。

王仁波，《唐代長安的佛教寺院與日本留學僧》，《文博》，1989 年第 6 期。

嚴耕望，《新羅留唐學生與僧徒》，《唐史研究叢稿》，香港：新亞研究所，1969 年。

劉後濱，《從宿衛學生到賓貢進士——入唐新羅留學生的習業狀況》，《社會科學戰線》，2013 年第 1 期。

鄺振明，《西域「凹凸畫法」在唐代畫壇的作用及表現》，《中國美術》，2012 年第 4 期。

任平山，《身若出壁的吐火羅粟特壁畫——以尉遲乙僧為線索》，《敦煌研究》，2015 年第 1 期。

魯粲，《西域凹凸畫法的源流及其對中原繪畫的影響》，《南京藝術學院學報》(美術與設計版)，2007 年第 4 期。

榮新江，《一個入仕唐朝的波斯景教家族》，《中古中國與外來文明》，北京：生活・讀書・新知三聯書店，2014 年。

葛承雍，《唐代長安一個粟特家庭的景教信仰》，《歷史研究》，2001 年第 3 期。

葛承雍，《論唐代長安西域移民的生活環境》，《西域研究》，

2005 年第 3 期。

　　葛承雍，《胡人的眼睛：唐詩與唐俑互證的藝術史》，《中國國家博物館館刊》，2012 年第 11 期。

　　姜捷，《唐長安醴泉坊的變遷與三彩窑址》，《考古與文物》，2005 年第 1 期。

　　畢波，《隋唐長安坊市胡人考析》，《絲綢之路》，2010 年第 24 期。

　　林梅村，《粟特文買婢契與絲綢之路上的女奴貿易》，《西域文明：考古、民族、語言和宗教新論》，北京：東方出版社，1996 年。

　　溫翠芳，《唐長安西市中的胡姬與絲綢之路上的女奴貿易》，《西域研究》，2006 年第 2 期。

　　榮新江，《高樓對紫陌，甲第連青山——唐長安城的甲第及其象徵意義》，《都市繁華——一千五百年來的東亞城市生活史》，1—30 頁。

　　寶培德、羅宏才，《唐興慶宮勤政務本樓花萼相輝樓復原初步研究》（上、下），《文博》，2006 年第 5、6 期。

　　王靜，《終南山與唐代長安社會》，《唐研究》第九卷，北京：北京大學出版社，2003 年。

　　辛德勇，《隋唐時期長安附近的陸路交通，漢唐長安交通地理研究之二》，《中國歷史地理論叢》，1988 年第 4 輯。

　　孫英剛，《隋唐長安的王府與王宅》，《唐研究》第九卷，北京：北京大學出版社，2003 年。

　　樊維岳，《王維經營輞川別業時間》，《唐都學刊》第十卷，1994 年第 1 期（總第 35 期）。

　　黃正健，《韓愈日常生活研究》，《走進日常：唐代社會生活考論》，243—264 頁，上海：中西書局，2016 年。

[日] 妹尾達彥，《九世紀的轉型——以白居易為例》，《唐研究》第十一卷，北京：北京大學出版社，2005 年。

林曉潔，《中唐文人官員的「長安印象」及其塑造——以元白劉柳為中心》，《唐研究》第十五卷，北京：北京大學出版社，2009 年。

帝京拼貼

——重構中國古代都城歷史現場

高雅 著

責任編輯　李茜娜
裝幀設計　譚一清
排　　版　黎　浪
印　　務　林佳年

出版　　開明書店
　　　　香港北角英皇道 499 號北角工業大廈一樓 B
　　　　電話：（852）2137 2338　　傳真：（852）2713 8202
　　　　電子郵件：info@chunghwabook.com.hk
　　　　網址：http://www.chunghwabook.com.hk

發行　　香港聯合書刊物流有限公司
　　　　香港新界荃灣德士古道 220-248 號
　　　　荃灣工業中心 16 樓
　　　　電話：（852）2150 2100　　傳真：（852）2407 3062
　　　　電子郵件：info@suplogistics.com.hk

印刷　　美雅印刷製本有限公司
　　　　香港觀塘榮業街 6 號 海濱工業大廈 4 樓 A 室

版次　　2023 年 2 月初版
　　　　© 2023 開明書店

規格　　16 開（209mm×145mm）

ISBN　　978-962-459-253-5